なるにはBOOKS

大学
学部調べ

# 環境学部

大岳美帆 著

ぺりかん社

# はじめに

この本を手に取ったのは、環境《かんきょう》問題に関心があるからでしょうか。

この数年来、日本に上陸する台風の被害《ひがい》は年々激しさを増しています。「まさかここに上陸するとは！」「まさかこの川の土手が決壊《けっかい》するとは！」という「まさか」の連続でした。こうした異常気象による被害《ひがい》は日本だけでなく、世界各地で発生しています。

２０１９年11月、アメリカの科学専門誌「バイオサイエンス」の電子版で、日本をはじめ世界１５３カ国のおよそ１万１２００人の科学者が「地球の気候が緊急《きんきゅう》事態に直面している」ことを宣言しました。彼《かれ》らはエネルギー使用量、地球の表面温度、人口増加、森林破壊《はかい》、極地の氷の量、出生率、温室効果ガス排出《はいしゅつ》量などが記録されている過去40年分のデータを分析《ぶんせき》し、そう結論づけたのだそうです。

経済発展のおかげで、私たちの生活は便利で快適なものになりましたが、人間の活動が自然環境に大きな負荷を与《あた》えることになり、さまざまな問題が発生しました。こうした問題がグローバルな課題にもなっている今、ますます必要となるのが、これらの問題の改善・解決に貢献《こうけん》できる専門家なんですね。

だから、少しでも環境問題に関心をもっている中高生のみなさんに、環境学部にはどんな「学科」があって、そこでどのようなことを学ぶのか、その学びが問題の改善・解決にどのように結びつくのか、といった情報を伝えたいと思って、この本をつくり始めました。

環境学は、私たちの住環境や食環境など非常に身近なものから、自然環境、地球環境のように広範《こうはん》なものまで、人間活動にかかわるあらゆるものが対象になります。そのため、環境とついた「環境○○学」「○○環境学」がすべて成り立つ学問領域なのです。

アプローチの仕方はたくさんあるので、理工学部のような学科があったり、文理を融合《ゆうごう》した学科があったり、また大学独自のコースが設けられていたりと、実に多様です。おそらくこの先も、環境問題への新たな対応が必要となって、融合《ゆうごう》系の学科ができたり、学科名を変更《へんこう》したり、どんどん変化していくかもしれません。

でも、学部や学科の枠《わく》にとらわれず、自分の関心がある問題や、学びたい環境分野をめざしてほしいと思います。大学での4年間は座学だけでなく、数多くの野外実習や実験、研究をこなし、専門的な知識や技能を身につけられる貴重な時間です。大学生活をともにした仲間との思い出は一生の財産になります。大学生活を充実《じゅうじつ》したものにできるよう、この本が少しでもみなさんの役に立てたら、とてもうれしいです。

著者

環境学部　目次

## 3章 環境学部のキャンパスライフを教えてください

## 4章 資格取得や卒業後の就職先はどのようになっていますか？



## 5章 環境学部をめざすなら何をしたらいいですか？



＊本書に登場する方々の所属・情報などは、取材時のものです。

# 1章

## 環境学部は
## どういう学部ですか？

# Q1

# 環境学部は何を学ぶところですか？

## 環《かん》境《きょう》問題は地球規模で考える問題

２０１９年９月にアメリカ・ニューヨークで各国の首脳や企業《きぎょう》のトップが集まって、地球温暖化の具体的な対策を表明する「国連気候行動サミット」が開かれた。このサミットの開催《かいさい》に先だって、より積極的な地球温暖化対策や再生可能エネルギーの利用などを求める若者たちが、世界各地でいっせいに「グローバル気候マーチ」という抗議《こうぎ》活動をしたんだ。主催《しゅさい》した団体の発表では１６３カ国で４００万人以上が参加し、日本《にほん》でも約５０００人の若者が行進したんだよ。活動の火つけ役となったのが、スウェーデンの環境活動家で16歳《さい》の女子だったことから、ずいぶん注目を集めたので、知っている人も多いと思う。

今気候変動の影響《えいきょう》が各地で表れ始めている。温暖化にともなう海水温度の上昇《じょうしょう》が、台風やハリケーンを巨大化《きょだいか》させているといわれているけれど、この先、温暖化がさらに進めば、自然災害の規模はますます大きくなっていくだろう。

## 環境破壊《はかい》は経済発展の代償《だいしょう》

地球温暖化だけでなく、プラスチックごみも世界的に問題になっているね。海に投棄《とうき》されたプラスチックごみは海洋生物に深刻なダメージを与《あた》え、さらには微細《びさい》なマイクロプラスチックとなって、食物連鎖《れんさ》を通じてたくさんの生き物に取り込《こ》まれていくと予測されている。ほかにも熱帯雨林などの森林破壊《はかい》、エネルギー問題、オゾン層の破壊《はかい》や土壌汚染《どじょうおせん》、生物種の絶滅《ぜつめつ》、大地の砂漠化《さばくか》や酸性雨、環境ホルモンやダイオキシンなどの有害な化学物質や電磁波による健康被害《ひがい》などなど、さまざまな環境問題に直面している。

こうした環境問題は21世紀になって急に発生したわけではない。世界では産業革命以降、日本では特に、明治時代に殖産《しょくさん》興業政策のもとで鉱業や製鉄業、紡績《ぼうせき》業などの工業が公害を生み、大正、昭和の時代も各地で産業型の公害が発生した。豊かな暮《く》らしを求めて行った経済行為《こうい》が、人びとの生活のみならず生態系にまで悪影響《あくえいきょう》をおよぼしてしまったんだ。つまり経済発展と引きかえにもたらされたのが、数々の環境問題なんだ。

## 異なる分野にまたがる知識と応用が必要な学問領域

日本では1971年に環境庁が設置され、翌1972年に自然環境保全法が公布された。

環境問題の原因をつくり出しているのは、実はほとんどが人間だ。これ以上、環境を悪化させないためにも、人間はどうすればよいかを導き出さなくてはならない。環境が保全され、人びとに必要なものもそこなわれない社会（持続可能な社会）をどうしたら維持《いじ》していけるか。それを学ぶ学問が「環境学」なんだ。

1973年に日本ではじめて「環境」を専門に研究する学科が創設されたんだ。「環境学」はまだ歴史が浅い学問だけれど、環境問題に対してはさまざまな基礎《きそ》科学分野の研究が進んでいる。初の環境専門学科では今「環境と資源の問題に科学のメスを入れる『地球の医学』を学ぶ学科」だと説明しているよ。環境問題の

## 主な学部の系統別分類

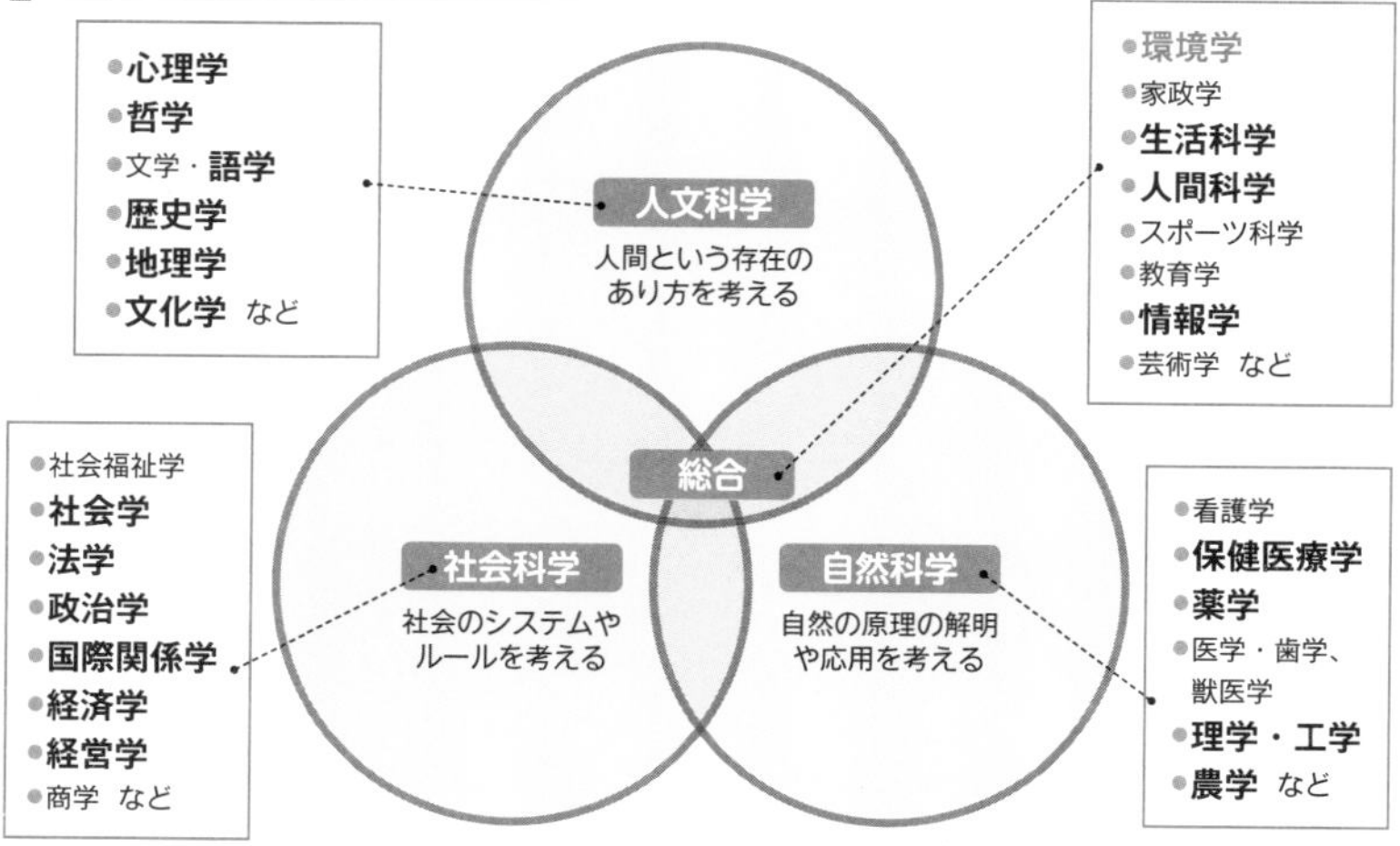


※黒の太字は、環境学部に関連のある学部だよ！

## 文系・理系の枠《わく》を超《こ》えた学際的な学問だよ

解決には科学や技術だけでなく、政治、経済、法律、倫理《りんり》などの視点も必要だ。そもそも「環境」は「周囲、まわり」を意味する。そのため対象は衣食住にかかわる身近なものから都市環境、地域環境、生態系を含《ふく》む地球環境まで広範囲《こうはんい》にわたる。だから複数の異なる分野にまたがる学際的なアプローチが不可欠な学問領域なんだ。

それを示すかのように環境学を学べる大学の学部名もさまざまだ。たとえば「生命環境学部」「生命環境科学部」「都市環境学部」「海洋資源環境学部」「社会環境学部」「生活環境学部」「人間環境学部」などなど、この本のタイトル通りの「環境学部」を置いている大学のほうが圧倒的《あっとうてき》に少ない。学部名はさまざまだけど、それを見れば環境分野のどこにウエートを置いているかが、何となくわかると思う。「21世紀は環境の世紀」といわれ、これまでの大量生産・大量消費・大量廃棄《はいき》型の社会から、環境への負荷を減らすことを考えた持続可能な循環《じゅんかん》型社会への転換《てんかん》が急がれている。環境学を学び、専門知識を身につけることで社会に貢献《こうけん》できることがいろいろあるんじゃないかな。

# Q2 どんな人が集まってくる学部ですか？

## 環境に対する問題意識をもった人

Ｑ１に環境系の学問が学べる学部名はさまざまだと書いた。だからといって、それらを書き分けたり、列記するとかえってややこしくなってしまうので、このＱ２以降は総称《そうしょう》として「環境学部」と書くけれど、そこはわかってほしい。

まず環境学部に集まってくる人は、ほとんどが環境問題に関心をもっている人だといえる。環境問題とひと言でいっても対象はさまざまだし、学問として扱《あつか》う範囲《はんい》が広いから、環境学部に集まる学生たちが関心をもったきっかけや対象はいろいろだ。

たとえば、中学生の時にある観光地に出かけたところ、新しいホテルがつぎつぎに建設されたことによって、その地域に生息していた希少生物が減り始めたことを知り、観光化と環境保全を両立するにはどうすればよいかということを研究したかったという学生もいる。一方、日本では「食品ロスが多い」というニュースをテレビで見て、世界の食料問題

について学びたいと思ったという学生もいた。また、破壊《はかい》されつつある自然の復元技術を実践的《じっせんてき》に学びたいとか、限りある資源のことを考えてエネルギー変換《へんかん》材料の開発を研究したい、災害に強いまちづくりを研究したいという声も聞いた。

熱心な人は中高生の時に、自分の興味がある分野の研究室や教授がいる大学をインターネットでチェックしていた。そして「この教授の研究室で学びたい」とピンポイントで選んで受験にのぞんだそうだよ。こういった声からもわかるように、環境学部には問題意識や目的意識をもって、関心のある専門分野に取り組もうという人が集まってくるんだ。

## 理工系と文系の学科では集まる人のカラーが違《ちが》う

環境学を学ぶうえで目的意識をもっているのは同じでも、理工系的な学科にウエートが置かれている大学と、文系的な学科にウエートが置かれている大学とでは、集まってくる人のタイプがちょっと違《ちが》う。これは自分のことやみんなのクラスにいる理系好きな友人、文系志望の友人を見ればわかるんじゃないかな。

環境分野でも理工系的な学科に在籍《ざいせき》する学生は、研究や実験、工作が好きな人が多い。「小学生のころから理科の実験が好きだった」とか「昆虫《こんちゅう》が好きで標本づくりに熱中していた」「ロボットのように動く仕組みを考えることが好き」などなど、知りたいことや興味のあることをとことん追究するような人が集まっている。

そういうタイプの学生はただ純粋《じゅんすい》に「興味のある研究をしていたい」と思っている。だから大学院に進んで研究を続ける学生の割合も多い。たまたま進みたい学科がある大学の学部が環境系だったというだけで、タイプとしては理学部、工学部に集まる人たちと変わらないんじゃないかな。ひたすら環境汚染分析《おせんぶんせき》や環境変動データの測定、地質などの分析《ぶんせき》と研究にいそしむ。あるいは資源を再利用する新たなリサイクル技術や、それこそ2019年のノーベル化学賞に輝《かがや》いた吉野彰《よしのあきら》さんのように、電気自動車などに使われるリチウムイオン電池の開発に取り組む。結果的にそれが環境問題の改善や解決に貢献《こうけん》するということになるのだけど、何か発見できたり、開発したりする喜びが勉学のモチベーションになっている感じだね。

一方、文系的な学科で学ぶ人は、発見や分析《ぶんせき》、ものづくりが大好きというより、問題を考察して、その改善や解決につなげることを得意とする人が多いんじゃないかな。もちろん研究もするし、フィールドワークもするけれど、文系の学科の学生は大学院へは進まずに就職することがほとんどだよ。

## 環境全般《ぜんぱん》を浅く広く学びたい人もいる

**問題意識や目的意識をもった人が多いよ**

環境学部で学ぶと、国家資格である技術士や測量士のほか、公害防止管理者、造園施工《せこう》管理技士、建築士、環境計量士、ＧＩＳ学術士などの資格をめざす下地ができる。環境関係の資格については、Ｑ17にも書いてあるので読んでほしい。このような環境分野の資格を取って専門知識を活かし、持続可能な社会を維持《いじ》するために活躍《かつやく》したいと思っている人も多い。

一方で、専門をきわめたいというのではなく、環境分野で自分がどのようなことにかかわれるか、広く学んでおきたいという人もいる。Ｑ１にも書いたように「21世紀は環境の世紀」といわれているけれど、20世紀後半にはすでに地球温暖化をはじめとする環境問題が世界規模で発生していた。そのころから日本の大学でも、「環境」という言葉が入った学部・学科が軒並《のきな》み増えたのだそうだ。つまり時代に必要とされている分野だし、その道のエキスパートも求められているということだ。ある環境学部の教授によれば、「とりあえず環境分野の知識を広く身につけておこうということで、入学した学生も少なくない」と話していたよ。

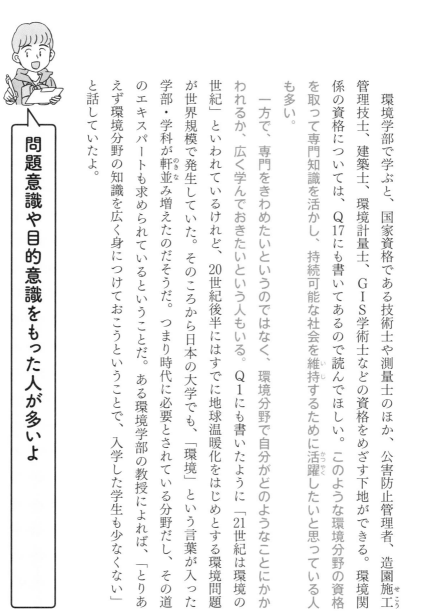

# Q3 学んだことを社会でどう活かせますか？

## 問題解決能力はどんな場面でも活かされる

環境学そのものは問題解決型の学問だといわれている。さまざまな環境問題を理解して、そのメカニズムを解明するために生態学をはじめ、環境化学や生物学、化学、物理学、数学、建築学、行政学、法学、社会学、経済学などを幅広《はばひろ》く学ぶことになる。さらに環境問題は座学だけで理解できるものではないので、どの大学もフィールドスタディに力を入れている。環境学は現場での実践力《じっせんりょく》も重視される分野なんだ。必修科目でも研究室に所属したあとのゼミ（演習）においても、実験・実習・フィールドワークを通して実践的《じっせんてき》で多角的な分析力《ぶんせきりょく》が養われていく。それらのフィールドスタディは数名のチームで行うため、おのずと協調性やコミュニケーション能力も養われるというわけだ。

ある大学のフィールドスタディの例をひとつあげてみよう。地理環境学科では測量実習を必修にしている。地理を学ぶうえで測量や地形図が基本となるからね。この実習では、

事前に測量機材の基本操作を学んでから、GPSやトータルステーションといった専門の機械を使って実習地を測量し、大縮尺の地形図を作成する手法を習得する。実習は1日で終えることもあれば、泊《と》まりがけの場合もある。そこで、メンバーそれぞれがたがいにサポートし合いながら作業の質を高めていくことで、チームワーク力をみがくことができるんだ。

環境問題はさまざまな要因が複雑にからみ合っているので、立ち上げたプロジェクトにはいろいろな分野の専門家が、ワンチームとなって向き合わなければならない。**大学での多様な演習によって、ディスカッション力や実践《じっせんりょく》力を高めるグループワークに慣れておくことは、社会に出てからきっと役に立つはずだ。学びを通して、知識に基づいた科学的で論理的な思考力、問題解決能力、グループワークにおける協調性を身につけていく。**そういった力がすぐれてさえいれば、どんな企業《きぎょう》や組織に所属したとしても、いくらでも必要なことを吸収できるし、自分の力を発揮できるよ。

## 専門知識を活かす道

環境学部の4年間で身につけた専門知識を直接活かして、社会に貢献《こうけん》することもできる。アメリカで自然復元学を学んだという環境学部のある先生は、人材教育という視点も大事にしながら、自然保護・保全、復元、管理、創生する技術や方法論、持続的な生態系を創生するための制度などを教え、学部の卒業生や修士課程修了《しゅうりょう》生をたくさん世に送り出してきた。それでも、まだまだ環境のエキスパートが足りないというんだ。

たとえば、「国土強靭《きょうじん》化計画による災害対策工事」が必要だという時に、環境学の領域から何ができるか考えてみてごらん。「河川工学の見地から減災計画を見直す」「地質調査によって地盤《じばん》の強度を確認する」「被災《ひさい》地域の自然復元をどうするか。希少生物の保護を考える」「天候に関してピンポイントでリアルタイムの予報が求められるようになってきたため、精度を上げる研究を進める」「被害《ひがい》を受けた公園を造園し直す」など、アプローチは異なるけれど、すべて環境学系の専門知識が活かされる現場だ。求められているということは、学んだことを活かせる場面がたくさんあるということだ。**持続可能な社会の実現に向けた実学としてしっかり学んでおけば、活躍《かつやく》の場は国をまたいで広がっていくよ。**

## 就職につながりにくい分野もあるけれど

「社会でどう活かせるか」という問いに対して、物質循環《じゅんかん》環境科学を教えているある先生は、「自分自身は、大学の学びそのものが就職に活かされなくてもいいと思っている」と言った。これを聞いて「どうして？」と思う人も多いことだろう。先生は「理工系の場合、学部や大学院で研究したテーマや分野が、そのまま仕事でのテーマや分野になることはとても少ない」と言うんだ。企業《きぎょう》の研究開発部などに就職できたとしても、自分が取り組んできた研究テーマが継続《けいぞく》できるとは限らないし、研究の成果が出るまでには何年もかかり、実用化されるにはさらに長い道のりが待っているだろう。

専門的に学んだ内容そのものが、就職につながりにくい分野も確かにあるだろう。けれど先生があえて「就職に活かされなくてもいいと思っている」と言ったのは、就職に活かされるかどうかを考えて勉強するのではなくて、大学・大学院を通して「いずれ社会の役に立つ」という思いで、一生懸命《いっしょうけんめい》勉強してほしいという思いからだ。すぐに結果が出なくても、基礎《きそ》科学で得られた知見は学術の発展には不可欠なものだ。大学で問題を解決するプロセスを学び、社会では身につけた総合能力によって、公私にわたってさまざまな問題を解決していくことができるようになる。人生は社会に出てからのほうが長いから、これはとても大きいと思うよ。

## 身につけた問題解決能力はあらゆる場面で活かされる

# 2章

# 環境学部では
# どんなことを学びますか？

# Q4

# 環境学部には主にどんな学科がありますか？

## 従来の分類に入らない新しい学問領域

大学の「学科」というのは、どういうものか知っているよね。学部というのは「法学部」「文学部」というように、学問別に大きく分類したもの。それをさらに細かく分けていったものが学科だ。「めざす学部は決まっていても、学科まではまだ決めかねている」という人もいると思う。

1章で示した主な学部の系統別分類図（12ページ）を確認してほしいのだけど、従来の学問領域である「人文科学」「社会科学」「自然科学」のどれにも分類できない学問や学際的な学問を「総合」に分類している。総合に分類されている環境《かんきょう》学、生活科学やスポーツ科学、情報学といった学問は比較的《ひかくてき》新しい学問なんだ。平成の時代になって、特に注目されたのが環境学や情報学で、それらを学ぶための学部や学科が急増したということは前に書いた通り。つまり時代の要請《ようせい》だったんだね。

## 環境問題への取り組み方

学科の説明の前に、環境問題への取り組み方とその学問分野について少し整理しよう。

環境問題の解決に向けた取り組み方には、問題の発見や分析《ぶんせき》にかかわる分野と、問題の改善や解決にかかわる分野がある。発見・分析《ぶんせき》にかかわる分野は、まず、ある現象に対して観測や計測を行ってデータを集め、それを解析《かいせき》して、現象が現れたメカニズムを理解することが中心となる。これは主に自然科学の理学系の学問を中心に行われている。

問題の改善・解決をするには、発見・分析《ぶんせき》によって得られた知見をベースにして実現可能な対応策を考えて実践《じっせん》することになる。建築・設備やエネルギー・資源に関する工学系の技術開発、環境修復・保全などの環境科学・農学系の技術のほか、政策や法律などの社会科学系の学問の知識も必要だ。環境に対してどうあるべきかを考える倫理《りんり》学や教育学などの人文科学系の学問も、問題の改善や解決をする分野に入るね。

環境問題は原因も複雑に絡《から》み合っているので、こうしてそれぞれの学問分野で取り組み、さまざまな知見を結集して解決に導いていかなくてはならない。

環境学という学問が注目されるようになるまでは、主に生物学や農学などの自然科学系の学部や学科で研究されてきたのだけど、あらゆる視点が必要であることがあきらかになるに従って、人文科学系や社会科学系でも研究されるようになったんだ。学際的なアプローチが必要で、理系・文系の区分なく融合《ゆうごう》させて学ぶようになったため、Q1に書いたように環境学を学べる学部名がさまざまなんだよ。

## 学科名は多種多様

さらに、学科名も「同じものがない」といっても過言ではないんだ。たとえば商学部や経営学部のある大学には、たいてい商学科、経営学科、会計学科が設けられている。共通の学科名があるケースがほとんどだ。でも、環境学部の場合、A大学にもB大学にもC大学にもあるという学科名は存在しないんじゃないかな。

### 環境学系の学部にある主な学科

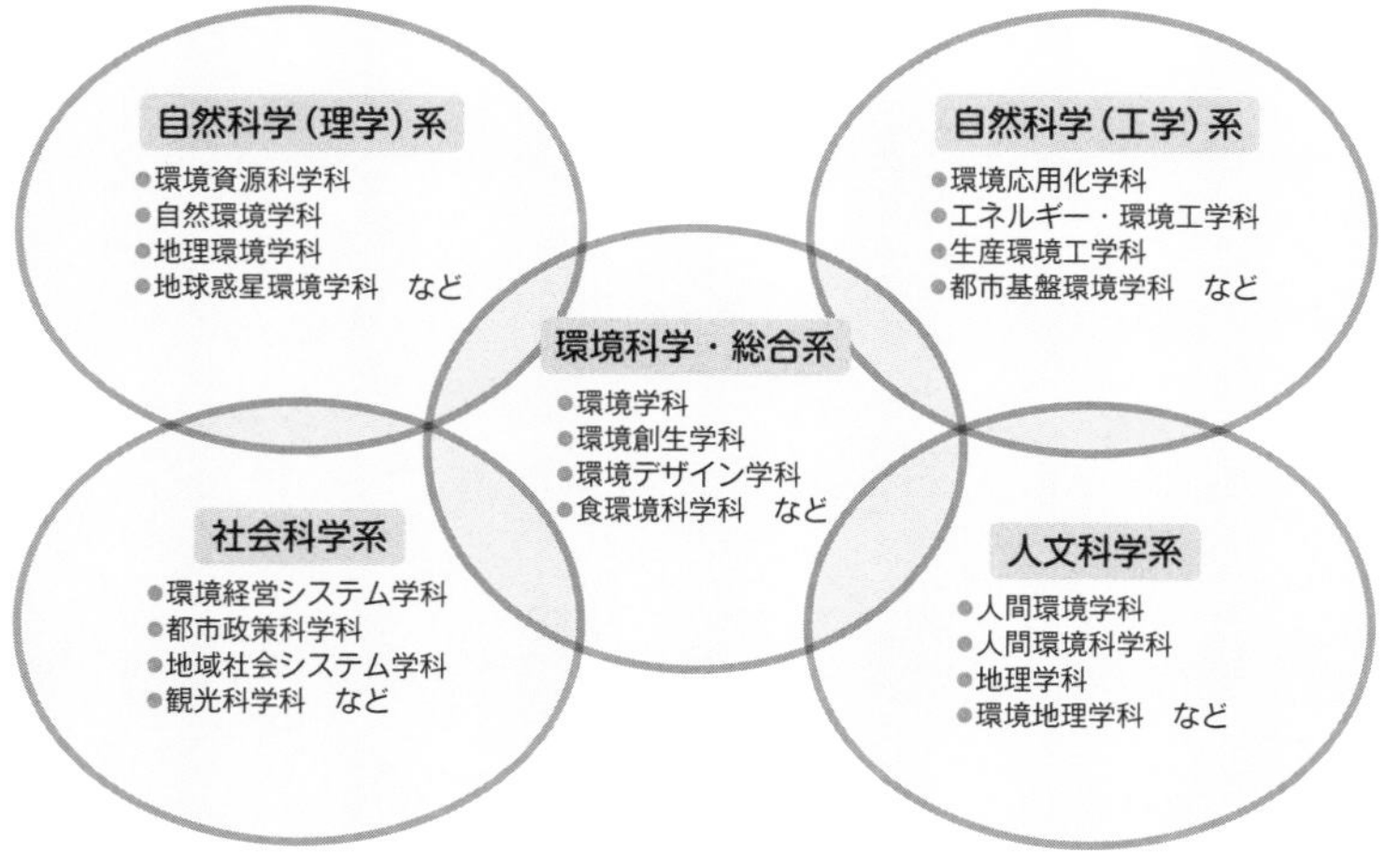

## 環境問題の何に興味をもったのか突《つ》きつめてから

これは、やはり環境学が新しい学問領域であることに理由がある。それぞれの大学が新たに環境系の学部・学科を設置する際、環境分野のどこにウエートを置いているか、どういう分野を主に学ぶかがわかるように、ほかの大学との差別化を図って特徴《とくちょう》を打ち出した名称《めいしょう》をつけたからだ。その大学ならではの名称《めいしょう》をつけ、独自のカリキュラムをつくりあげたんだね。それだけにその分類は簡単じゃないんだ。

この本では、衣食住から自然まで人間をとりまく環境を総合的に学び探究する分野を環境科学・総合系としてまとめてみた。そのうえで、学科を従来の学問領域に沿って自然科学（理学）系、自然科学（工学）系、社会科学系、人文科学系に分けて説明していくよ。学問領域ごとに学科を記載《きさい》しているけれど明確に分けられるものではないし、ほかの大学にはない固有の学科が多い。ここでは自然科学系、社会科学系など学問領域それぞれの傾向《けいこう》がわかってもらえればいいと思っているんだ。環境学は入り口が広く多様なので、進路選択《せんたく》は悩《なや》ましいだろう。環境問題に興味があるなら、どんな問題の何に関心をもったのかを突《つ》きつめてみて。学ぶ科目などから興味のある対象がしぼれるかもしれないから。

# Q5 環境科学・総合系学科・専攻では何を学びますか？

## 従来の学問領域に分類できない新分野

環境学部の教育は、Ｑ４に書いたように環境問題への取り組み方で内容がかなり違《ちが》う。ここで紹介《しょうかい》するのは、理工学的な側面、社会科学的な側面に力を入れた教育・研究というより、まず環境とは何かを大きくとらえて、人間の営みや自然とのかかわりからひもとき探究していくことを軸《じく》にしている学科群だ。それが「環境学科」「環境創生学科」「食環境科学科」「人間環境デザイン学科」「緑地環境科学類」などの学科。学科名はそれぞれの大学固有のものだけど、名称《めいしょう》に使われている言葉で核《かく》となる領域がわかるだろう。ここに主だった学科を選んで、学ぶ内容を少し深く紹介《しょうかい》していこう。

## 環境学科

環境学全般《ぜんぱん》を幅広《はばひろ》く学ぶ学科で、環境問題の全体像をとらえながら持続可能な社会のあり方を追究する。ある大学の環境学科では1、2年次には総合教育科目、環境基礎《きそ》科目、外国語科目、情報処理科目、キャリアデザイン科目などを履修《りしゅう》して広い知識と基礎《きそ》学力を身につけ、3年次から自然環境保全、循環《じゅんかん》型社会形成、人間環境の三つの側面から環境問題に取り組んでいく。

具体的に紹介《しょうかい》すると、自然環境保全の授業では、大気、水、地形、地質など自然環境のメカニズムを学び、動物、植物の生態系の知識を深める。そのために、森林、河川、海岸などでの野外実習を重視するんだ。循環《じゅんかん》型社会形成の授業では、再生可能エネルギーの活用方法や廃棄物《はいきぶつ》処理などの基礎《きそ》から応用までを学び、行政や社会制度にかかわる科目なども履修《りしゅう》する。こうした知識は持続可能な社会の実現に不可欠だからだね。人間環境の分野では、人間の生活と自然環境が持続的に共生していくにはどうすればいいかを考察。環境に配慮《はいりょ》した居住空間とはどういったものか、また、持続的に利用できる住居や都市とはどういったものかを研究する。こういった科目を学びながらフィールド演習を重ね、環境問題の解決に貢献《こうけん》する実践力《じっせんりょく》をつけていく。

## 環境創生学科

### 名前の通り自然環境や人間を含《ふく》む生き物にとっての、健全な環境の創生学を身につける

学科。主に自然生態系を保全・修復し、再生・創出する生態環境分野や、環境に優しい地域と都市の居住空間を創出する都市環境分野について学ぶ。生態環境分野では、身近な自然環境の保全や修復から、砂漠化《さばくか》の防止といった地球規模の保全まで、国内外を問わずフィールドワークを行い、実践的《じっせんてき》に学んでいく。一方で都市環境分野では、都市構造・土地利用、住宅・居住環境やさまざまな都市空間を対象にして、居住環境と土地利用など都市の環境問題の解決に向けて理論と実践《じっせん》を学ぶんだ。

1年次には一般《いっぱん》教養科目のほか、専門領域を紹介《しょうかい》する「環境創生学入門」や野外調査に必要な「環境フィールド・計測演習」などを学び、2年次からの専門基礎《きそ》科目には、「環境アセスメント概論《がいろん》」「基礎《きそ》生物学」「地理情報システム」「環境倫理《りんり》」などが加わる。3年次から卒業までの2年間は研究室に所属して、自分がやりたい研究に取り組む。

3年次からの授業は、生態環境分野が「物質循環《じゅんかん》学」「生態環境保全学」「自然復元論」「自然環境調査法」「環境緑地学」「環境分析《ぶんせき》演習」「ランドスケープ論」などを、都市環境分野では「都市・居住環境論」「住環境システム」「環境都市再生論」「建築気候学」「交通環境」「住環境と人間行動」などの専門科目を学ぶ。人がいかに自然環境への負荷を減らしながら生活できるか、自然環境を再生できるかを重視した実践的《じっせんてき》な専門教育で、卒業後は身につけた専門知識を活かしてコンサルタント会社に就職する学生が多いそうだよ。

**自然生態系の保全から、生活環境を追究する分野まで**

## 食環境科学科、人間環境デザイン学科

人間の生活の基本となる「衣・食・住」に焦点《しょうてん》を当て、必要な環境としてくわしく専門的に学ぶ学科。食環境科学科では、食品の機能科学、栄養・健康科学、食品の安全、そして食育を通じた食文化の維持《いじ》・向上などの専門知識を系統的に学び、高い倫理《りんり》観をもった食品技術者を養成する。2年次の専門科目群には、「味とニオイの科学」「スパイスの科学」「微生物《びせいぶつ》生理論」「遺伝子工学」「環境修復学」などがあり、多彩《たさい》な専門知識を学ぶ。

一方、人間環境デザイン学科では、居住、環境、生活と視点を分けてデザインを追究する。専門科目にも生活環境デザイン、居住環境デザイン、環境保全デザインの3分野を設けている。環境保全デザイン分野の1年次の授業では、「生態系保全」「大気・水・土壌《どじょう》の環境保全」や「バイオマスとエネルギー」「廃棄物《はいきぶつ》とリサイクル」を学ぶほか、各種環境実験を行う。2年次では、「生活環境と政策」「環境アセスメント」「環境の経済」「エネルギーと環境」など、環境関連の専門知識も幅広《はばひろ》く修得する。

# Q6

# 自然科学（理学）系学科・専攻では何を学びますか？

## 自然界の原理や法則を探究し、問題解決に貢献《こうけん》

自然科学というのは、科学的な手法を用いて自然界の原理を解明し、人びとの生活に役立てることをめざす学問領域だ。ここでは自然科学のなかで理学系の学科を紹介《しょうかい》するよ。

理学というのは自然の仕組みを理解し、その基盤《きばん》となる原理や法則を探究する学問なんだ。学んだことを直接、社会の課題の解決に役立たせるという学問ではなく、そこで得られた研究成果や知見が機械工学や電子工学、建築学、資源工学などの応用科学の分野に活かされて実用化されて、課題の解決につながる。Ｑ４で説明したように、環境問題に対しては主に発見・分析《ぶんせき》にかかわる分野だね。

各大学の学科では、「環境資源科学科」「自然環境学科」「地理環境学科」「生物環境科学科」「地球惑星《わくせい》環境学科」「応用生命科学類」などがある。

## 環境資源科学科

現代人の生活を支えている産業において、石油依存《いぞん》度が高いことや化石燃料が枯渇《こかつ》する可能性を考え、より効率的なエネルギーの利用や再生エネルギーの活用などに取り組む必要があるといわれて久しい。「資源」と名のつく学科は対象とする資源が何かは別として、資源とその有効利用や再生技術などを専門に学べる学科と考えていい。環境資源科学科では、環境汚染《おせん》物質の広がり方やそれによる生物への影響《えいきょう》などを調査・解明する一方、特に植物などから生まれた再生可能な資源である植物バイオマス（植物由来の再生可能資源）に注目して、資源の有効利用や木質資源のリサイクル、森林資源の有効利用を研究している。

環境と資源の多岐《たき》にわたる問題を対象にするため、生物学、化学、物理学、数学などの自然科学に関する基礎《きそ》学力を身につける。同時に1年次から、「生態系管理学」「環境分析《ぶんせき》化学」などの基礎《きそ》科目を、また「資源リサイクル学」「地圏《ちけん》環境学」「大気環境学」などの専門科目を学ぶよ。研究対象は、大気、水、土壌《どじょう》から構成される生物圏《けん》から微生物《びせいぶつ》などのミクロな世界に至るまで幅広《はばひろ》く、資源を研究するうえでの基本技術や実験方法などを習得。実験、実習、座学を通して、環境物質科学、環境汚染解析《おせんかいせき》、生物圏《けん》変動解析《かいせき》、環境修復、バイオマス・リサイクルなどの専門科目を修得することができる。

## 自然環境学科

自然界の営みを理解する生物学と、環境修復に必要な技術を修得する化学を融合《ゆうごう》。フィールドワークによる調査・分析《ぶんせき》を中心とした生物環境分野と、化学実験や測定・分析《ぶんせき》を中心とした環境化学分野の2分野を徹底《てってい》して学び、自然環境を迅速《じんそく》に把握《はあく》する実験技術と実《じっ》践《せん》力《りょく》を養う。1年次は、専門基礎《きそ》科目の「地球科学」「基礎《きそ》動物学」「基礎《きそ》環境生態」などのほか、実験を重視して「基礎《きそ》物理学実験」「基礎《きそ》環境科学実験」などを学ぶ。2年次には、「水環境の科学」「分析《ぶんせき》化学」「有機化学」「菌《きん》類自然史」などを修得して専門性を高め、3年次には、自然環境専門科目として「環境浄化《じょうか》と生物機能」「森林生態学」「環境適応進化学」「クリーンエネルギーシステム」など多様な専門知識を学ぶ。

化学実験・分析《ぶんせき》機器を駆使《くし》して大気や水、土壌《どじょう》の成分を正確に分析《ぶんせき》・測定し、得られたデータを解析《かいせき》する技術と能力を身につける。環境化学分野に力を入れている大学では、所定の単位を修得することで国家資格の甲種《こうしゅ》危険物取扱《とりあつかい》者や公害防止管理者の受験資格が得られ、環境計量士などの資格取得を支援《しえん》する特別授業などを開講しているケースも多い。

## 地理環境学科、環境地理学科

地理学は歴史学・社会学・経済学などもかかわる文系の人文地理学と、生態学や気象学、地質学などが連携《れんけい》する理系の自然地理学が含《ふく》まれるため、地理学科は大学によって文学部に設けられたり理学部に所属したりと扱《あつか》いが異なる。ただ、いずれも地理学と環境科学を融合《ゆうごう》し、環境と人間の相互《そうご》関係を空間的かつ包括的《ほうかつてき》に学び、現地調査や「巡検《じゅんけん》（エクスカーション）」と呼ばれる実地調査を実施《じっし》して、それに基づく観察を重視するんだ。

1年次に地理学や地球科学の基礎《きそ》、フィールドワークの技法、文献《ぶんけん》や資料の読み込《こ》み方を修得し、2年次から「地形学」「地理情報学」「気候学」「測量学」など地形や気象、地理情報などの専門科目を履修《りしゅう》する。同時にGIS（地理情報システム）や野外観測など、環境分析《ぶんせき》や地域調査に必要な技法も習得するんだ。自然地理学から人文地理学や地理情報科学にわたる地理学の幅広《はばひろ》い分野をカバーし、卒業後は地理学の専門性を活かせる仕事に就く学生も少なくないよ。

自然界の仕組みを研究し、解析《かいせき》技術を学べるよ

# Q7 自然科学（工学）系学科・専攻では何を学びますか？

## 持続可能な社会を実現する、ものづくりに貢献《こうけん》

自然科学のなかでも、理学が自然界の原理や法則を探究する学問なら、工学はものづくりにかかわる知識や方法を得るための学問だ。理学などで得た研究結果を社会に貢献《こうけん》できる形にするのが工学だといえば、わかりやすいかな。理学のキーワードが「発見」「研究」なら、工学は「発明」「開発」という感じだね。環境分野でいうなら、環境問題とエネルギー問題の課題を解決するために科学技術を用いて、ものづくりやエネルギー変換《へんかん》に取り組む学問領域ということになる。

学科では、「環境応用化学科」「エネルギー・環境工学科」「生産環境工学科」「海洋資源エネルギー学科」「環境建築デザイン学科」「都市基盤《きばん》環境学科」などがある。

## 環境応用化学科

環境応用化学科では、工学としての化学にウエートを置く応用化学や材料化学の知識、環境や資源・エネルギーに関する問題を解決する研究や技術を習得する。ある大学では、1年次に教養科目に加えて、理系共通基礎《きそ》科目以外の「微分積分《びぶん》」「線形代数」「物理理論」などの科目を履修《りしゅう》するうえ、基盤《きばん》科目として「環境調和化学入門」や「先端《せんたん》生命科学入門」「エネルギー化学入門」などを学ぶ。2年次では、履修《りしゅう》する科目のほとんどが「エネルギー環境化学」や「材料物理化学」などの専門科目となるそうだ。

研究分野では、環境からエネルギー、バイオまで、応用化学の幅広《はばひろ》い研究領域をカバーする特色ある研究を行っていて、4年次から配属される研究室をのぞくと、ある研究室では環境に調和した高度な機能をもつ有機分子を開発していたし、環境とエネルギー分野に応用できる機能性有機物質の合成を行っている研究室もあった。

また、ほかの大学では、有機化学、無機化学、物理化学、環境化学、化学工学の五つの分野で基礎《きそ》能力を身につける。それと同時に、化学物質の開発とその生産過程において、自然界や生体にどのような影響《えいきょう》をおよぼすかといった環境問題と、資源の循環《じゅんかん》再利用をいかに促進《そくしん》できるかといった問題に対して、化学的な解決法を探究しているよ。

## エネルギー・環境工学科

日本のエネルギー自給率は、ほかの経済協力開発機構《けいざいきょうりょくかいはつきこう》（ＯＥＣＤ）諸国と比べるととても低く、このままではずっと資源を他国に依存《いぞん》しなければならない。だから、エネルギーを安定的に供給するためにさまざまな対策が必要だ。深刻化する地球温暖化問題に対しても、世界各国でエネルギー問題の解決に力を注がなくてはならない局面にきている。エネルギー・環境工学科は、まさにそうした取り組みができる研究者、技術者を育成する学科だ。

１、２年次は、理系基礎《きそ》科目はもちろんのこと、多くの専門的な実験・演習を積み、３年次から二つのコースに分かれて専門知識を学ぶ。エネルギー工学コースでは、「有機化学反応論」「基礎分離《きそぶんり》工学」「応用界面工学」「プロセス最適化工学」「エネルギー材料学」など。環境工学コースでは、「環境熱工学」「触媒《しょくばい》化学工学」「大気・水環境工学」「化学プラント設計」など。つまり、省エネルギーや新エネルギー、環境修復、環境汚染《おせん》防止などの専門科目を履修《りしゅう》して、環境負荷の少ない新システムを構築する技術を修得するんだ。

## 生産環境工学科

## 環境負荷を減らすものづくりの技術を修得

日本の食料自給率は先進諸国のなかでも最低水準で、農業の担い手も高齢化《こうれいか》によって減少しているということは知っているかな？　食料生産についても環境問題のひとつにあげられるんだ。生産環境工学科では、農業生産分野の環境保全にも幅広《はばひろ》く対応できるエコテクノロジー（環境全般《ぜんぱん》との調和を図るための技術）の開発に注目している。工学的な視野から農業生産や環境に配慮《はいりょ》した生産技術の向上、その技術開発を担う農業工学の教育を行っているんだ。1年次には、一般《いっぱん》教養科目や理数系の基礎《きそ》科目のほか、必修で「地域環境科学概論《がいろん》」「生産環境工学概論《がいろん》」などを学び、2年次には「環境土壌《どじょう》物理学」「土質力学」「応用測量学」「構造力学」「水理学」などを必修科目として学ぶよ。3年次からはより専門性の高い授業が増え、専攻《せんこう》実験や専攻《せんこう》演習に割く時間もぐんと増える。

研究のテーマの例をあげると、「さまざまな気候帯における水、土壌《どじょう》、大気などといった地域資源の利用と保全」「自然と共生できる循環《じゅんかん》型社会の創造」「ロボット農業といった生物生産と農産物の加工流通技術の高度化」「生物生産・環境保全のための情報技術の活用」などと幅広《はばひろ》い。卒業後は技術者の道に進む学生が多いようだよ。

# Q8 社会科学系学科・専攻では何を学びますか？

## 社会のルールや現象から環境問題に取り組む

社会科学系の学問は、人が暮《く》らしている社会に必要なシステムやルール、運営法などの問題点を調査して、さまざまな角度から検証することで解決策を考えていく学問だ。環境問題の解決においても、理工系の研究や技術だけでなく、政治、経済、法律、経営など社会科学系学問の見地から考えることも重要だ。

環境汚染《おせん》や気候変動、資源問題、生態系破壊《はかい》、自然災害などの問題に関する政策決定や環境問題をめぐる利害対立などを学ぶ「環境政治学」をはじめ、国同士で解決しなければならない問題となった場合は「国際環境政治学」の知識が必要になる。こうした地球規模の環境問題の解決を目的に制定されたのが環境法で、「環境法学」ではその基本的な枠組《わくぐ》みや課題を学ぶ。環境政策を実行するための国際的な取り決めや国内法を整備する立場から、政策を支えるのが環境法学の分野だよ。

そして環境への負荷をなるべく低くしながら、いかに経済の発展を持続させるか、環境税や温室効果ガスの国際間、企業《きぎょう》間の排出《はいしゅつ》量の取引をどうするか、といったことを考察する領域が「環境経済学」。近年は、地球環境に配慮《はいりょ》した経営を考える「環境経営」や、環境保全に対する費用やその効果によって企業《きぎょう》経営を評価する「環境会計」の分野も重視されている。環境問題への対応として、いずれもますます必要となる学問領域だ。こうした学問を学ぶ社会科学系学科が「環境経営システム学科」や「都市政策科学科」「環境政策・計画学科」「地域社会システム学科」などだ。主だった学科の履修《りしゅう》内容を見てみよう。

## 環境経営システム学科

環境経営システム学科は環境問題の基礎《きそ》から最先端《さいせんたん》の「環境経営」「環境政策」を学び、社会と環境がかかえる問題をシステムから解決に導く企画《きかく》立案力や実践力《じっせんりょく》を養う学科だ。

1、2年次で、外国語科目や3年次からの研究で必要となる統計学、経済学、物理、情報リテラシーなどの知識と素養を身につける。1年次の必修科目には「環境マネジメント」「環境基礎《きそ》」「環境経営入門」「環境政策入門」「環境倫理《りんり》」などがある。2年次の環境経営分野の専門科目として「持続可能なサプライチェーンマネジメント」「グリーン物流」などを学び、持続可能な社会に向けた生産化や消費活動を考察。環境政策分野の専門科目には「開発協力と環境」「環境ガバナンス論」などがあり、環境問題を解決するための法整備や政策、その形成プロセスなどを学ぶんだ。キャンパス内での授業だけでなく、PBL（課題解決型学習）のフィールドワークで、市場調査や分析《ぶんせき》の方法なども体験するよ。

## 都市政策科学科、環境政策・計画学科

「都市政策」と冠《かん》しているだけに、教育の軸足《じくあし》は都市問題の解決に置かれている。大都市の環境の維持《いじ》・向上、健康・福祉《ふくし》・高齢化《こうれいか》、産業の発展、防災・復興、多様な人びとの共生といった課題の改善・解決に向けて、「都市行政法」や「制度設計論」などの制度の知識、「都市計画」や「都市地域経済論」、「都市社会学入門」や「都市の社会組織論」などの立案や社会の仕組みに関する基礎的《きそてき》科目を学ぶことになっている。さらに「都市統計解析《かいせき》法」「都市社会調査法」などの調査・統計法の基礎《きそ》を修得することで、都市政策にかかわる企画力《きかくりょく》、実践力《じっせんりょく》を養っていくんだ。

環境政策・計画学科でも、環境政策や環境計画を立案する力と実践《じっせん》する技法を修得することを目的にカリキュラムが組まれているよ。都市の課題だけでなく、社会活動・経済活動と環境との関連を研究して、問題を確認したうえで環境に配慮《はいりょ》した政策や計画をいかに構築するかを学ぶんだ。環境全般《ぜんぱん》をとらえる「環境科学概論《がいろん》」はもちろん、「地域調査法」

「環境計画学」「環境政策学」「応用統計学」などを必修科目として学ぶ。

## 地域社会システム学科

「持続可能な社会の繁栄《はんえい》」という時の「社会」ってどこだろう。都市部だけが栄えていればいいわけじゃないよね。**地域社会システム学科は、地域社会の発展モデルを考察し、計画の立案から実践《じっせん》、マネジメントまでを担える人材を育成するための学科だ。**同じ学科名でも、ある大学では生命環境学部に、またある大学では経済学部に設けられている。地域創生や観光化は環境問題にもかかわるけれど、地域経済の要にもなり得るから、経済学部で扱《あつか》われることも十分理解できると思う。

どちらの地域社会システム学科でも、環境問題をはじめ、経済・経営、行政、法律、地域計画といった社会科学系の専門知識に加え、数理的な分析《ぶんせき》手法と実践的《じっせんてき》なマネジメント力を身につける科目を履修《りしゅう》するんだ。また、持続可能な産業として「観光」に着目し、観光学や観光経営などを学ぶコースが設置されていることも共通している。

都市部でも地域社会でも活躍できる専門知識を修得

# Q9

# 人文科学系学科・専攻では何を学びますか？

## 社会科学系と密接に関係する学問領域

人文科学系の学問は、人間がこれまでつくり上げてきた言葉や文字、思想や心理、歴史、文化などを調査・研究する学問領域だ。人間の営みの背景には政治や経済を含《ふく》めて社会が存在しているので、環境問題への取り組みについては特に社会科学系の学問領域と分かちがたい。ここでは、「人間環境学科」「人間環境科学科」「地理学科」などを紹介《しょうかい》しよう。

## 人間環境学科、人間環境科学科

人間を主体として、さまざまな環境と人間のかかわりを包括的《ほうかつてき》に学ぶ学科で、多角的な視点から学ぶことができるため、学際的なカリキュラムが用意されている。ある大学の人間環境学科では、「国際社会の持続可能な発展に貢献《こうけん》する人材」「持続可能な市場経済に貢《こう》献《けん》する人材」「サイエンスやテクノロジーを視野に入れながら持続可能な社会に貢献《こうけん》でき

る人材」というように、育成する人材の特徴《とくちょう》によって2年次からコースが分かれる。国際社会、市場経済、サイエンスなど、キーワードとなる科目が専門科目になっている。同じ人間環境学科でも工学部に設けられている大学では、「身体の仕組みを知り、人の生活の基盤《きばん》である健康、環境、医療《いりょう》、エネルギーなどを支える先端《せんたん》技術を広く学び、総合的な工学技術を身につける」ことを目的にしているというから、学びの内容はずいぶん違《ちが》うよ。

## 地理学科

地理学は文系、理系には分けることができない、自然科学にも社会科学にもまたがる総合的な科学なんだ。地球上のあらゆる事象を対象にしているため、気象学、水文学《すいもんがく》（主に水の循環《じゅんかん》を研究する学問）のほか経済地理学、社会地理学、都市地理学、観光地理学などたくさんの○○地理学が存在する。地球環境問題は、すべての科学が協働で取り組まなければならない問題なので、あらゆる現象を追究する地理学の知識と視点は、環境問題の解決に貢献《こうけん》すると考えられている。

設けられた学部による違《ちが》いが大きいかも

# Q10 環境学部と結びつきやすい学問ジャンルはなんですか？

## 理系の学問は切っても切れない

ある人は環境というとすぐに自然環境を思い浮《う》かべ、生態系の保護・保全が環境問題の柱だと思っていたというんだ。学問としては理科科目でも、計算比重が低い生物や生態学といった科目がメーンになると思っていたため、環境問題に理系の学問は結びつかなかったと言っていた。２０１９年に実施《じっし》された実用数学技能検定で、兵庫《ひょうご》県西宮《にしのみや》市の小学４年生の男の子が、理数系大学の卒業レベルとされる最難関の１級に史上最年少で合格したというニュースが流れ、世間を驚《おどろ》かせた。将来は地球温暖化を止める研究をしたいと言い、「これまでの温度の上がり方や、温暖化対策をしなかった場合の温度上昇《じょうしょう》のデータを出すことに数学が活かせると思う」と、小学生とは思えない展望を語ってくれたそうだ。

こうした例を出すまでもなく、生物学や化学、物理学、数学などの理系の学問が結びつかなければ、多様な環境問題のメカニズムを解明することは難しい。

## 問題解決には生命科学や生物資源学も必要

環境問題の解決に向けて21世紀の学問として期待されているものがある。そのひとつが生命科学だ。文部科学省《もんぶかがく》は「生物が営む生命現象の複雑かつ精緻《せいち》なメカニズムを解明することで、その成果を医療《いりょう》・創薬の飛躍的《ひやくてき》な発展や、食料・環境問題の解決など、国民生活の向上および国民経済の発展に大きく寄与《きよ》するものとして注目を浴びている分野」だと説明しているよ。そのほか生物学の知見をもとに研究結果を活用する生物工学、なかでも有用な微生物《びせいぶつ》などを利用して、水質や土壌《どじょう》を改良するといった知識を学ぶ環境生物工学は、食料生産現場にも影響《えいきょう》を与《あた》える学問だね。

また、生物資源学も結びつきが強い学問だ。動植物や有用な微生物《びせいぶつ》などの生物資源を有効利用するために分子レベルの研究を行い、バイオテクノロジーなどの最新技術を駆使《くし》して新たな生物の開発方法を研究するんだ。これらの分野は、ますます環境問題への取り組みが必要となる学問領域だよ。

問題の解決には、生命科学や生物資源学の知見も必要

# 持続可能な社会の形成には環境分野の専門家が不可欠

教員インタビュー 1

東京都市大学《とうきょうとしだいがく》
環境学部　教授
田中《たなか》 章《あきら》さん

取材先提供

東京農工大学《とうきょうのうこうだいがく》環境保護学科で生態学を修得後、環境計画と自然復元を学ぶためミシガン大学大学院に留学。帰国後、東京《とうきょう》大学《だいがく》大学院では環境アセスメントと緑地政策を研究する。日本にはまだない環境政策である「生物多様性オフセット・バンキング」の日本の第一人者。

## 環境分野の専門的人材を育成する

東京都市大学の環境学部で教えるにあたって私は、一般《いっぱん》教養としての環境教育ではなく、実社会を反映した学際的で、専門的な環境分野の人材育成教育を行いたいと思いました。環境学を学ぶには、従来からあった基礎《きそ》的分野の能力だけではなく、問題解決という応用力の重要性を感じていたのです。

環境創生学科で、私が担当している授業を一部紹介《しょうかい》しましょう。1年次の「図化表現技法」は学科の基礎《きそ》科目です。ランドスケープ・デザインや緑化、造園、まちづくりや自然復元などの実務に必要なデザインや設計の基礎《きそ》を修得します。ここで空間デザイン技術の楽しさや難しさに直面しますが、同時に都市空間を人間の観点からだけなく、生物《せいぶつ》多様《たよう》性保全《せいほぜん》の観点からも考えることになります。

また、環境創生学科の専門分野を入門的に学ぶ「環境創生学」や、この分野に必要なフィールド技術や実験などを、実践《じっせん》を通して学ぶ「環境フィールド・計測演習」も教えています。環境創生学では、自然共生の基本政策である「環境アセスメント」や、日本にはまだない新しい政策である「生物多様性オフセット・バンキング」にはじめて出逢《であ》います。

２年次では、造園学の基礎《きそ》で、都市景観や自然景観を生物多様性や生態系、時間の観点から「読む」ことを学ぶ「ランドスケープ論」が必修科目としてあります。また、私の専門分野である、都市に自然を導入したり、失われた自然を復元したりする国内外の事例や技術、制度などを通して深く学ぶ「自然復元論」があります。

環境学部がある神奈川《かながわ》県横浜《よこはま》市都筑《つづき》区港北《こうほく》ニュータウンは、「グリーンマトリックス」という最先端の緑豊かな都市計画に基づいて造成されています。その中に環境学部のキャンパスがあり、キャンパス内には「ビオトープ・パッケージ」（水辺生態系の復元）や保全林（里山の残存林）があります。つまり教室を出ればすぐに、都市と自然の共生に関するフィールドワークができるめぐまれた立地にあります。

一方で、東京・表参道《おもてさんどう》にある有名なビルの屋上緑化や、表参道と明治神宮《めいじじんぐう》の緑化の関連性もテーマとして学ぶために、渋谷駅前にあるサテライト教室で授業をすることもあります。

## 地球にも自分にも幸せな仕事

環境創生学科では、3年次の4月から各教員の研究室に所属します。私の研究室「ランドスケープ・エコシステムズ研究室」では、自然との共生をテーマにしています。国内でも海外でも、都市でも地方でも、原生自然でも人の手による自然（二次自然）でも、人間社会と自然が共生するための仕組みを学びます。自然復元や自然保護、自然維持などの自然共生に必要な現地調査から政策分析まで、研究は幅広《はばひろ》い分野におよびます。

さまざまな活動を通して、環境アセスメントや生態系評価、ランドスケープ・デザイン、造園、緑化、野生動物・植物調査、それらのハビタット調査（生息地調査）、自然復元などに必要なフィールド技術、評価・計画能力、政策提言能力を身につけるきっかけと、モチベーションを育みます。実社会で活躍《かつやく》できる環境分野のエキスパートの卵を育てることが、研究室の目標なのです。

私が環境分野の人材育成にこだわる理由には、アメリカでの経験が関係しています。環境分野に従事するアメリカの専門家は、みんなとても充実《じゅうじつ》して、楽しそうに仕事をしていました。なぜならば、大学や大学院で学んだことを、フルに実社会で活かすことができているからです。

逆にいえば、「将来、環境を守る職業に就きたい」という意思のある学生を受け入れて、鍛《きた》え、実社会に送り出す大学・大学院が充実《じゅうじつ》しているともいえます。人間社会と自然との共生を実現する、という仕事はやりがいがあり、ほんとうにおもしろくて、幸せを感じられるライフワークなのです。

## 経済発展と自然との共生をめざして

日本では、まだまだ開発と自然の両立ができていません。経済最優先の傾向がいまだに強く、たとえ開発によって自然を消失させても、法律上はほとんど問題がありません。

持続的な社会を実現するには、人間にとって必要な開発を進めると同時に豊かな自然の復元、創生が不可欠です。そのような制度のひとつが、「生物多様性オフセット」です。

自然を開発する場合は、まず環境アセスメントを行って、予想される生態系への悪影《あくえい》響《きょう》を回避《かいひ》します。回避《かいひ》できない場合にはできる限り最小化します。回避《かいひ》も最小化もできずに、どうしてもマイナスの影響《えいきょう》が残るという場合は、最終手段として自然を再生したり創出したりすることで、自然が失われることによる悪影響《あくえいきょう》を緩和《かんわ》しようという制度です。

最近の経済協力開発機構（OECD）の報告によれば、世界で100カ国以上が取り組んでいるといわれています。

日本では、自然環境が比較的保全されていると考えられているためか、まだこの制度がありません。すべての人間活動において、私は生物多様性オフセットの「来た時よりも美しく」という考え方や行動が、限られた国土だからこそ必要だと考えています。

環境分野に興味をもつ若い人は、地球という生き物で深刻化している「環境破壊《はかい》という病」を治すために、地球上に生まれてきた白血球だと思っています。環境学部では、そのような若者の入学を待っています。

教員
インタビュー
2

# 研究調査の結果を防災・減災に活かせる分野

東京都立大学《とうきょうとりつだいがく》
都市環境学部　教授
鈴木毅彦《すずきたけひこ》さん

小学生の時から地図好きで、中学生で始めた登山が地形図を見る力を養った。旧・東京都立大学大学院で理学博士号を取得。研究分野は地形学から第四紀学、火山学にもおよぶが、最近は東京の地下地質、東日本の大規模火砕流堆積《かさいりゅうたいせき》物なども研究テーマに。

## 地理学も環境分野の学び

首都大学東京《しゅとだいがくとうきょう》は2020年4月に東京都立大学に名称《めいしょう》を変更《へんこう》しましたが、新生・東京都立大学での授業はこれからなので、首都大学東京時代をベースにお話しします。

首都大学東京の都市環境学部は2018年の再編で、地理環境学科、都市基盤《きばん》環境学科、建築学科、環境応用化学科、観光科学科、都市政策科学科の5学科が設置されました。

私は地理環境学科で教えています。地理環境という言葉の背景には人間を取り巻く地形や水文《すいもん》、気候、植生、土壌《どじょう》などの自然環境と、道路や住宅、店舗、農地などの人工環境があります。そもそも「環境」とは周囲やまわりのことで、人間の周囲のこと・ものを総《そう》称《しょう》した言葉ですから、地理環境という場合も、身近な都市や村から、国、地球全体までスケールもさまざま。そのなかから研究対象をしぼっていきます。

みなさんは「地理」と聞いて、どんな授業を思い浮《う》かべますか？　中学・高校の地理は基本的に暗記科目と記憶していると思います。たとえば「ブルガリアの首都はどこか」とか、火山地形や地図の種類とか、覚えることが多かったのではないでしょうか。地理が暗記科目だと思われるのは高校まで。大学での地理学はまったく違《ちが》います。理学的な探究もしますし、実に奥《おく》が深いです。

## 地理学の種類

地理学のなかには自然をメーンに扱《あつか》っている自然地理学と、人の生活や文化、社会など人文現象をメーンに扱《あつか》っている人文地理学があります。私は自然地理学を専門とし、なかでも地形学と第四紀学（最近の地質時代の自然環境に関して総合的に研究する学問）、火山学分野の研究を主に行ってきました。

自然地理学のなかにも気候学や土壌《どじょう》学など、いろいろな分野がありますが、私は主に地形・地質に関することを教えています。

教えている教養科目のひとつに「大地の成り立ちを探る」という授業があります。この授業では、地面がどのようにできてきたかということを探究するのですが、ひと言で地面といっても低い地面もあれば、高い地面もある。山もあれば海もある。それから地震《じしん》がある場所もあれば、火山があるところもある。あらゆる形状や性質をもった地面があります。

さらに地面に起きるさまざまな現象、地震《じしん》や火山、山崩《やまくず》れなども対象になります。山が崩《くず》れれば地形は変わるし、地震《じしん》が起きても地形は変わります。火山が噴火《ふんか》すれば山の形も周辺の環境も変わりますし、火山灰が降って地層ができるなどの変化も現れます。こうした環境の変化や地形変化を、大地に刻まれた情報から解明するのです。

## 現地調査「巡検《じゅんけん》」を重視

また、これらを座学で学ぶだけでなく、フィールドワークによってより深く理解していきます。授業ではキャンパスの周辺だけでなく都市部へも、山に近い郊外にも足を伸《の》ばし、地形図を片手に歩きながら調査します。

まず地図（地形図）を読めるようになることから始めます。地図を読めば、「ここに坂道がある」ということは行かなくてもわかります。そこで実際に現地に行き、ほんとうにそこに坂があるということを確認しますが、今度は「では、なぜここに坂道があるのか」を考察します。坂に限らず「崖《がけ》が向こうまで続いているけれど、この崖《がけ》は川がつくった崖《がけ》だ」とか「断層で食い違《ちが》ってできた崖《がけ》だ」など、そういったことを目で見て、地図と照らし合わせながら確認するのです。

もちろん地形だけでなく、植生や土壌《どじょう》、水源の有無や土地の利用方法など、観察する対象はとても幅《はば》が広いのです。現地に行くことで、さまざまな関係性がより深く理解できるようになります。まるでＮＨＫの番組『ブラタモリ』のようですが、地理学を深めるにはフィールドワークが必須《ひっす》です。複数でフィールドを訪れる場合、私たちはこれを「巡《じゅん》検《けん》」と言っています。地理学を学ぶうえで「巡検《じゅんけん》」はとても重要です。

巡検《じゅんけん》は1年生から行い、3年生になると各研究室が、通称《つうしょう》「大巡検《だいじゅんけん》」と呼ばれる1週間ほどの野外調査を実施《じっし》します。地理環境学科では4年生から正式に研究室に所属するのですが、ほとんどの3年生が所属したい研究室の大巡検《だいじゅんけん》に参加しています。

## 研究や調査が防災に役立つことも

さて「地理学を学んだからといって、なんの役に立つのだろうか」「環境問題にどのように貢献《こうけん》するのだろうか」と思うかもしれません。地形調査や地質観察の結果、「この土地一帯は非常に地盤《じばん》がもろくなっていて、危険性がある。つぎに大きな地震《じしん》があったら崩《くず》れる可能性が高い」ということがわかったとします。それを行政に情報提供することでハザードマップが作成されたり、住民を守るための対策が立てられるとしたら、これほど有益なことはありませんよね。

私は地形・地質学研究室を指導しています。ここでの研究の最終的な目標は、過去の環境変化や地形形成の過程などから、将来の地球環境変化を予測することです。私たち研究者はあくまでも「情報提供まで」ですが、私たちが解明した大地からの情報が、防災や減災につながるとしたら、大変意義のある研究だといえます。

日本は火山の噴火《ふんか》や地震《じしん》など自然災害が多い国で、生きていくうえで困難な事態に直面することもあります。自然災害の規模も大きくなってきました。環境問題、自然災害、社会問題などに関心があって、地図を見ることや野外調査が好きな人にはお勧《すす》めの学科だと思います。

# 3章

# 環境学部の
# キャンパスライフを教えてください

# Q11 環境学部ならではの授業はありますか？

## 野外調査を行う授業や実験、実習が多い

環境《かんきょう》をテーマに学んでいるだけに、キャンパスを出て現地に出向き、調査や実習を行う体験型の授業、フィールドワークを重視している大学がほとんどだ。しかもフィールドは国内だけにとどまらず、海外で調査や研修活動を行っている大学もあるんだ。

一方、キャンパス内の授業では実験、実習科目が多く、理系の場合は講義科目にもまして、データや事例などの検証、分析《ぶんせき》技術の専門性を重視したカリキュラムを組んでいる。

1年次から実験科目を履修《りしゅう》し、学年が進むにつれてレベルの高い実験科目に取り組むようになるよ。高度な技術を身につけるために、実験や分析《ぶんせき》、測定を行うための設備や機器を充実《じゅうじつ》させている大学もあるし、最新の情報機器や測量機材を備えている大学もある。

環境問題の解決には情報収集やその分析《ぶんせき》が重要なので、ＩＣＴ（情報通信技術）の活用を前提にほとんどの大学で「情報リテラシー」や「情報セキュリティ」といった科目を履《り》

修《しゅう》する。コンピュータが1人1台、あるいは2人に1台くらいの割合で完備されているケースも多く、学科によっては「GIS」(地理情報システム)や、住宅、建築などの設計や製図ができる「CADシステム」を修得する授業も行われているよ。

## グローバルに活躍《かつやく》できる人材教育

地球温暖化や生物多様性保全は全世界共通の課題なので、国を超《こ》えて学際的な取り組みが不可欠だ。だから社会問題に対して幅広《はばひろ》い知見をもった技術者や研究者が必要だということはわかるよね。理系の研究は学会、論文ともに英語が基本なので、英語教育についてはは早くから取り組んでいたし、他学部・他学科の専門科目を履修《りしゅう》できる大学もあり、理系学科に限らず、各大学で世界に通用するグローバルな人材育成に力を注いでいる。

どの大学でも英語力を身につけるプログラムを組んでいて、英語で行うディスカッションやプレゼンテーションの授業があったり、TOEFLテストの対策講座を開講している大学もある。ある大学では国内での英語キャンプを実施《じっし》しているよ。できれば中高生のころから、「聞く」「話す」「読む」「書く」の基本スキルを身につける反復学習を心がけよう。

## 資格取得をバックアップする特別授業

環境学部ならではといえば、環境関連のさまざまな資格取得に向けたサポート体制を整えている大学が多いことがあげられる。測量士補や自然再生士補などは、所定の科目を履《り》修《しゅう》すれば資格が得られるカリキュラムを組んでいる大学がある。また、難易度の高い国家資格である技術士は、まず技術士を補佐《ほさ》する技術士補から資格を取得していくのだけど、大学によっては技術士補の資格を取得するための特別講義やガイダンスを実施《じっし》している。

そのほか、化学薬品や石油類などの危険物の取り扱《あつか》いと定期点検・保安の監督《かんとく》ができる甲種《こうしゅ》危険物取扱《とりあつかい》者や、騒音《そうおん》・振動《しんどう》と大気・水質・土壌《どじょう》などの汚染濃度《おせんのうど》の検査や計量管理を行う環境計量士の国家資格を取得するための受験講座や特別授業を開講して、資格取得を支援《しえん》している大学もある。資格は取得することが最終目的ではないけれど、それをめざして取り組んだ勉強は、決してむだになることはないだろう。自分がその資格を取って何をしたいか、どう活かしたいかを明確にしてがんばってほしい。

## ゼミ、研究室での活動は大学ならでは

研究室をもっている教授の指導のもとで、ある研究テーマについて少人数で深く学んで

いく活動をゼミナール（演習）、通称《つうしょう》「ゼミ」という。理系分野では研究室を「ラボ」といい、研究活動のことをゼミといわないことも多いのだけど、ラボでの研究やゼミこそ中学・高校では経験できない大学ならではの活動だ。

研究テーマは個々に異なるのだけど、基本は指導する先生の専門分野になる。ゼミではたくさんの論文を読み、野外調査を行ってデータや資料を収集する。ゼミ生同士がひんぱんに討論するし、研究成果を発表する機会もある。理系では研究テーマによって実験が必要だ。薬品や専用の器具を使って実際に実験をするので、研究室にはいろいろな装置《そうち》や設備が備えられている。文献《ぶんけん》の読み込《こ》みやフィールドワークだけでなく、実験や実習を重ねなくてはならないので、理系ではどうしても研究室での活動に費やす時間が多くなるよ。

1年次から履修《りしゅう》できるゼミを用意している大学がほとんどで、研究室への所属は3年次からという大学が多い。4年次にはこれまでのゼミやラボでの研究の集大成として、卒業論文や卒業制作にまとめるんだ。ゼミやラボでは指導教員や学部の先輩《せんぱい》、大学院生とのつながりもできて、世界が広がるよ。

## 世界で通用する技術を修得するための授業が多い

# Q12 環境学部ならではの授業外活動はありますか？

## 専門分野に関連したサークルや自主ゼミ活動

大学では授業の取り方しだいで、授業外の活動をする時間をつくることができる。それも中学・高校とは大きく異なるところだ。主な授業外活動のひとつに部活動やサークル活動がある。大学には運動系から文化系まで、さまざまな部活動やサークル活動がある。環境学部がある大学では、たいてい環境関連のサークルが活動をしている。ある環境サークルでは、ごみ拾いなどを行う清掃《せいそう》活動、植林活動などを行う環境保護・保全活動、環境問題について考えてもらうきっかけをつくる環境啓発《けいはつ》をメーンに行っているという。

ビオトープ（野生の生き物が生息できる場所）を研究しているサークルもあれば、磯《いそ》観察や保全林の林道整備など、自然とふれあうことをコンセプトに活動しているサークル、構内のごみ問題への取り組みやリサイクル市の開催《かいさい》、大学周辺の清掃《せいそう》活動などを行っている自主ゼミもある。自主ゼミというのは、単位とは関係なく学生が主体となって学ぶゼミ

のことで、教授が指導してくれる場合もあれば、しない場合もある。学生が主体なのでサークル活動のような感じかな。

もちろん、理工系の研究会やものづくりをするサークルも数々ある。みんな興味のある分野を楽しみながら学生同士の交流を深め、大学生活を満喫《まんきつ》しているよ。

## 海外への留学やフィールド研修

どの大学でも英語教育に力を入れていると説明したけれど、その方法の王道が留学制度だ。1～2週間の短期語学留学から約1年間の派遣《はけん》留学を実施《じっし》する大学もあれば、1年次の準備教育と2年次の約4カ月間の留学を合わせた2年にわたる独自の国際人養成プログラムを組んでいる大学もある。**とにかく留学制度のプログラムは豊富だよ。**

ある大学では、専門の学習や研究に直結した実践的《じっせんてき》プログラムとして、国内外の大学や海外の研究機関と共同でフィールドワークを実施《じっし》している。これまで行った海外研修には、ネパールにおける温熱環境の実測と熱的快適性、幸福度などに関する調査や、内《うち》モンゴル自治区《じちく》で実施《じっし》した砂漠《さばく》の緑化にかかわる製品の検証などがあるという。現地で社会の実情や文化を体感しながら学ぶことは、グローバルな視野を身につけるための近道だ。

## 環境講座やセミナーに参加する

環境関連の学会をインターネットで検索《けんさく》すると、さまざまな学会があることがわかる。大学生でも参加できる学会や学会主催《しゅさい》のセミナー、イベントはたくさんあるんだ。

日本《にほん》環境《かんきょう》学会《がっかい》は、研究者や専門家だけでなく自治体や企業《きぎょう》、市民から学生まで環境問題に取り組む人なら参加でき、毎年行われている研究発表会は非会員でも聞くことができる。環境経済《かんきょうけいざい》・政策学会《せいさくがっかい》は、環境法政策学会《かんきょうほうせいさくがっかい》、環境社会学会《かんきょうしゃかいがっかい》などほかの環境関連学会と共同でシンポジウムや研究交流などを行っているし、大気環境学会《たいきかんきょうがっかい》では、２０１９年12月の特別セミナーで「エネルギーと大気環境」と題して講演を行っていたよ。また、日本《にほん》水環境学会《みずかんきょうがっかい》では、水環境にかかわる仕事の魅力《みりょく》などを学生に紹介《しょうかい》する「水環境ビジネスガイダンス」を毎年開催《かいさい》している。授業以外でも環境問題を学ぶ機会はたくさんあるので、情報のアンテナを張って、関心のあるテーマの講演会やセミナーに足を運んでみよう。

## コンテストにチャレンジする

大学生が参加する有名な環境コンテストで、「全国大学生環境活動コンテスト（ｅｃｏｃｏｎ）」がある。ｅｃｏｃｏｎは環境サークルやＮＰＯ、ＮＧＯで活動している大学生が、環境分野で活躍《かつやく》する社会人の選考委員や一般《いっぱん》の見学者に対して、自分たちの活動をプレゼンテーションするコンテストで、全国各地で環境活動をしている大学生が参加するんだ。毎年テーマと選考基準が変わり、2018年は、「社会的・環境的課題をしっかり認知し、それを解決するための適切な活動を行っている団体」を評価するために「課題の認知と共有」「活動の質」「活動の整合性」の三つを選考基準の柱にしていた。

　自分たちの環境活動に対して、さまざまな評価を聞けることはその後の活動のためになるし、新たな知識や活動のヒントを得ることができる。さらにコンテストに集まった全国の学生とのネットワークは、大きな財産となるだろう。授業以外でもコミュニケーション能力や論理的な思考力、プレゼンテーションにおける表現力などを身につけられる機会はある。社会に出てしまうとこうした機会はなかなかないので、大事にしよう。

## 専門分野のサークルや自主ゼミ活動もそのひとつ

# Q13 この学部ではどんな人や世界にふれることができますか？

## 現場の声を聞くキャリア形成科目

多くの大学で環境問題に関して、第一線で活躍《かつやく》している各分野の専門家や企業《きぎょう》経営者を招き、専門分野の知識や解決すべき課題を講義してもらう機会をつくっている。最新の情報や豊富な経験にうら打ちされた専門家の講演から、問題解決への手がかりや意外な発見が得られることがあり、いい刺激《しげき》がもらえるんだ。

キャリア形成の科目に独自のプログラムを組んでいる大学もある。インターンシップ型の科目なのだが、自分で研修先を見つける一般《いっぱん》のインターンシップとは異なり、学部が連《れん》携《けい》する自治体やNPOなどの団体に研修派遣《はけん》される。

これまで行われたものに、都市のサステイナビリティとコミュニティー政策研修や、重要伝統的建造物群保存地区に指定された町並《まちな》みを活かしたまちづくり、サステイナブル・ツーリズム研修などがあり、参加した学生たちにとって現地の地方自治体やNPOの職員といっしょに活動しながら、持続可能な社会のあり方を考える貴重な体験だったという。キャリア形成の科目はほかの学部にもあるのだけど、こうした環境学部の授業では学びと連携《れんけい》した、より具体的なノウハウを修得できる。

## 研究者や他大学の教授とふれあえる

Q22でも紹介《しょうかい》するけれど、環境問題に関する公的研究機関である国立《こくりつ》環境《かんきょう》研究所《けんきゅうじょ》や宇《う》宙航空研究開発機構《ちゅうこうくうけんきゅうかいはつきこう》（ＪＡＸＡ）をはじめ、生態系の保護協会などの多くの非営利団体などでは、さまざまな講演会やシンポジウム、ワークショップを開催《かいさい》している。そうしたイベントでは直接研究者に話を聞いたり、質問できる時間が用意されていることがある。研究開発部門の研究者が最先端《さいせんたん》技術の開発秘話を語ったり、環境保全の海外の事例が発表されたり、教科書では学べない情報にふれられるよ。

また、大学は限られているけれど、「単位互換《ごかん》制度」を採用している大学がある。これは、単位互換《ごかん》協定を結んでいる大学ならキャンパスの枠《わく》を超《こ》えて、ほかの大学の授業を受けられるというものだ。しかもその科目をきちんと履修《りしゅう》すると、単位を取ったことになるんだ。自分の課題や関心のある他大学の授業を受けることで他大学の教授や学生とつながり、より広く深い知識や技術を得られるというわけだね。

## インターンシップでの体験を通して

環境問題に取り組んでいる専門家や環境関連の技術者、研究者と直接ふれあう機会のほかにも、幅広《はばひろ》く社会活動の場にふれるチャンスがある。それがインターンシップだ。インターンシップはキャリア形成科目のひとつで、学生が企業《きぎょう》や行政機関などでみずからの専攻《せんこう》や将来のキャリアに関連する就業体験を行う制度のことだ。就業体験といってもアルバイトと少し違《ちが》うのは、現場で正社員や正職員と同じ仕事を体験できることなんだ。

インターンシップの期間はさまざまで、1日というものから数日間、数週間、1カ月以上のケースもある。たとえ数日間であっても、実際に実務をしている人とふれあえる経験は貴重だよ。現場感を味わい、企業《きぎょう》を知ることもできる。インターンシップでの実務体験は、就職活動や卒業後の進路選択《せんたく》におおいに役立つといわれているよ。

最近では、環境関連のNPOやNGOでのインターンシップも注目されている。組織の一員として就業するという意味で、ボランティアよりさらに深く環境問題を知ることになり、活動に必要なスキルも得ることができると聞いたよ。NPOやNGOへの就職を考えている人は、インターンシップの実習先に関心のあるNPOやNGOを選んでみるのもいいかもしれないね。

## ボランティアや留学で海外の人と交流

インターンシップと違《ちが》ってボランティア活動は、需要《じゅよう》があって自分の都合がつけば、大学を通さずにいつでも参加できる点で選択肢《せんたくし》が広い。環境関連で求められているボランティア活動はかなり多いよ。環境団体やNPO、NGOなどが多くの人材を求めている。国内だけでなく、国際ボランティア組織の活動も活発だ。ある団体では、国内のほか海外90カ国で、ワークキャンプをはじめ、多彩《たさい》な事業を展開している。参加期間も週末だけという短期から2〜3週間、1カ月以上と、自分のできる範囲《はんい》で選べるんだ。語学力に不安はあっても、やる気と行動力があれば、きっと活躍《かつやく》できるはず。

環境学部では、フィールドスタディの実習先に海外が増えたということはすでに説明したよね。現地の環境に関する具体的な課題を考察する留学プログラムのある大学もある。現地で暮《く》らす人たちとコミュニケーションを取りながら知見を深めていくんだ。知識も人とふれあう世界もますます広がっていくよ。

**専門家や研究者をはじめ、国内外でさまざまな人とふれあえる**

# Q14 環境学部の学生の一日を教えてください

## 大学の時間割は自分で決める

大学生活は、一日の授業の時間割や一年間の履修《りしゅう》計画を自分で決めることから始まる。高校時代とは生活が大きく変わるけれど、自分が何を学びたいかを考えて進学してきたのだから、楽しみで胸が高鳴ることだろう。時間割を自分で決めるといっても、好きな科目だけを勉強していればいいわけじゃない。大学の授業には、必ず単位を取っておかなければ進級や卒業ができない必修科目と、興味や関心があれば自由に選べる選択《せんたく》科目、さらに指定された科目のうち、どれかを履修《りしゅう》しなければならない選択《せんたく》必修科目があるんだ。

大学の1科目の授業はたいてい90分だ。最初は長いと感じるかもしれないけれど、慣れるに従って、高校の授業との違《ちが》いが実感できるようになるよ。特に環境学部では1年次からフィールドワークや実験、実習を行う授業がある。頭と体をフルに使って授業に集中していると、90分なんてあっという間だよ。

## 一日の授業数も毎日異なる

1時限目は8時50分から9時半くらいの間に始まる。午前中はたいてい2時限の授業があり、午前中の授業が終わるとお昼休みが待っている。だいたい1時間くらいかな。

最近の学生食堂（学食）は充実《じゅうじつ》していてフードコートのようなところもあれば、一流レストランのような雰囲気《ふんいき》のところもあり、メニューも多彩《たさい》だ。学食だけでなくカフェテリアのある大学も多いよ。

お昼休みのあとはすぐに午後の授業が始まる。午後にフィールドワークや実習が続く日もあるよ。午後の授業は4時限まであるのが一般的《いっぱんてき》だけど、「1年生の

### 1年生の授業びっしりな一日

1年生の時は授業数が多くて忙しいが、取れるだけ単位を取っておくとあとが楽になる。

授業がない時は図書館で勉強したり、実験レポートを書いたり。

高校生の時より1時限の時間が長いけれど、集中していると時間が経つのも早いよ。

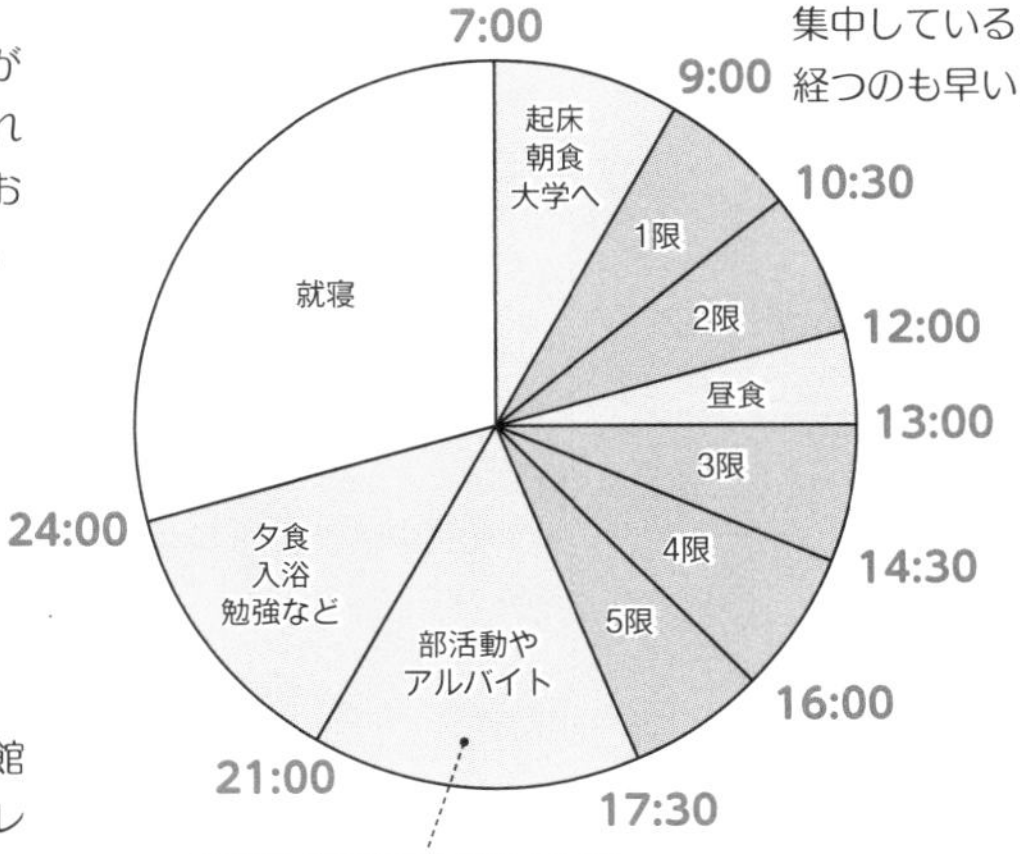


6時限まで授業がある日も……

時、曜日によって6時限目まで授業がありました」という声も聞いた。そう話してくれた人はやりたい研究が決まっていて、3年次には研究室でそれに没頭《ぼっとう》したいと思っていたため、1年次に取れるだけ授業を取ったそうだ。だから6時限目にも授業を入れたんだ。

　こうして自分で時間割を組むので、履《り》修《しゅう》の仕方によっては一日みっちり授業を受ける日もあれば、午後にフィールドワークがあるだけという日もある。1、2年次には語学や教養科目を通じて基礎《きそ》的《てき》素養を身につけ、環境分野の学問に必要な基礎《きそ》を修得する授業が多いため、何時限目から出るかは別として、毎日大学に通うことになるかもしれない。

## 3年生の研究活動が忙しい一日

3年生になると授業数が減るかわりに研究や実験、フィールドワークの時間が増える。

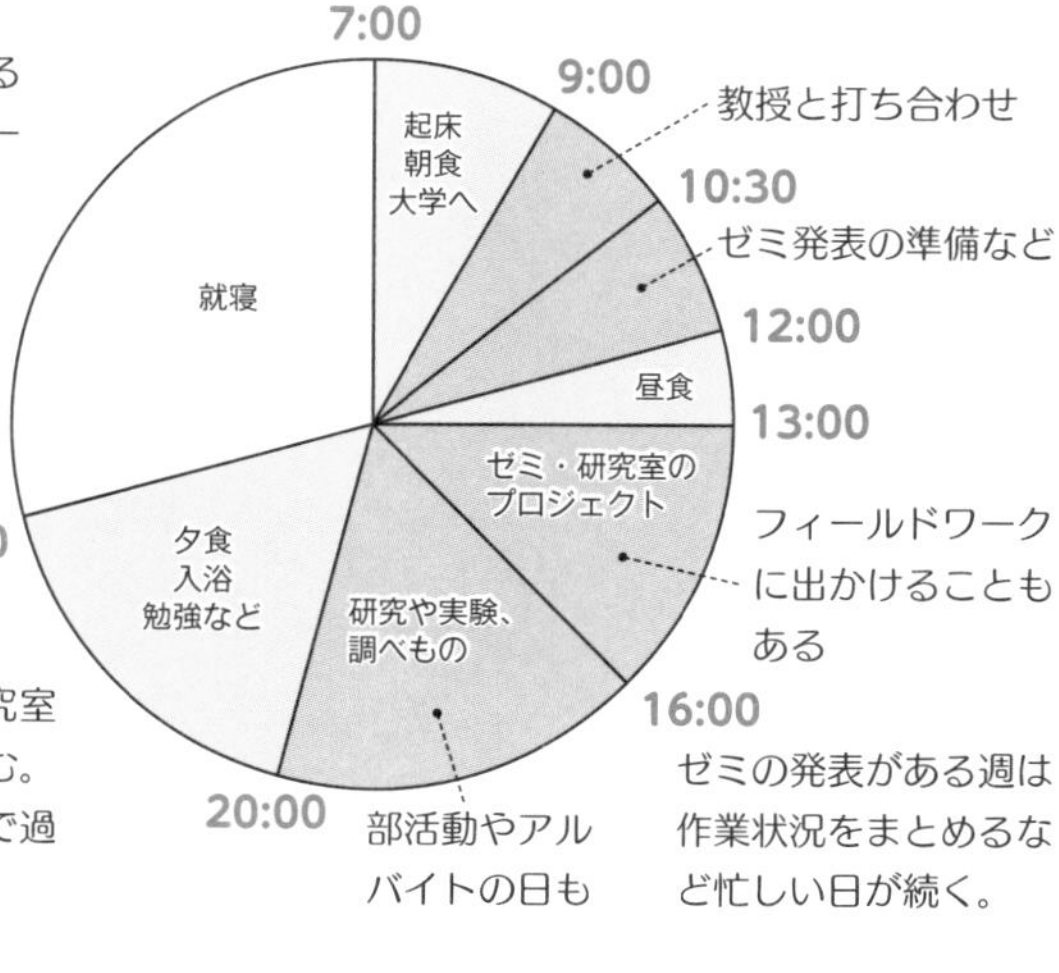


3年生後半か4年生から研究室に配属されて研究に取り組む。理工系学科の学生は研究室で過ごすことが多くなる。

ゼミの発表がある週は作業状況をまとめるなど忙しい日が続く。

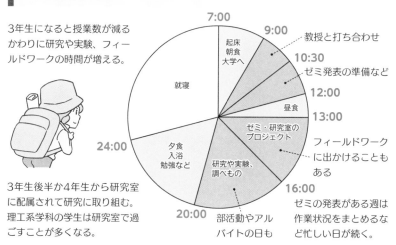

## 授業の空き時間があるのも大学ならでは

一日のうち、授業が続いてあるとは限らない。これも高校とは違《ちが》う点だ。1時限目の授業のあと4時限目まで授業がない場合もある。そんな空き時間はどんなふうに過ごすと思う？ キャンパス内で過ごす場合は図書館や研究室で勉強をしたり、部活動の自主練習にあてる学生もいる。時間を惜《お》しんでフィールドワークに出かける学生もいるよ。

たいてい3年次から研究室やゼミに所属するようになる。するとフィールド調査や実験レポート作成に費やす時間が増える。研究発表の機会も多くなり、その準備にも忙《いそが》しくなる。授業の空き時間や自由時間の使い方も自分しだいだ。有効に使いたいね。

## 研究室で過ごす一日もある

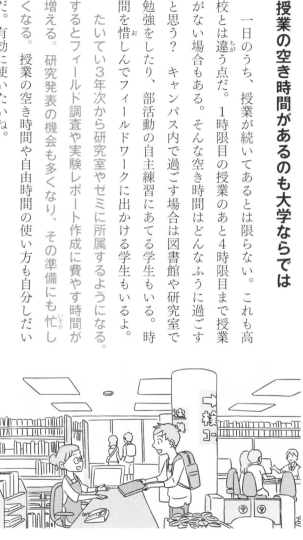

# Q15

## 入学から卒業までの流れを教えてください

### 授業開始前に必要な情報収集

正式な合格通知書を受け取ったら、大学生活への助走期間が始まる。入学式の前後に新入生向けのオリエンテーションや説明会をする大学が多い。大学生活を送るうえで必要なことや奨学金《しょうがくきん》の説明、学部のガイダンス、授業科目の履修《りしゅう》方法など重要な内容が多いので、送られてきた資料や大学の公式サイト、SNSなどを見逃《みのが》さないようにしよう。

大学では1年次から4年次まで、学年ごとに履修《りしゅう》できる単位数が決められている。1年間に実施《じっし》される授業科目や履修《りしゅう》するうえでの心構え、授業の進め方などがくわしく掲載《けいさい》されている「シラバス」が発表されるから、それを参考にしながら自分の興味や将来どういう方向に進みたいかを考えて、履修《りしゅう》する科目を決めるんだ。

学業だけに打ち込《こ》むのもいいけれど、大学には本格的な運動部から演劇や書道などの文化系の部活、また気軽に楽しむスポーツや音楽のサークルなど、たくさんの部活・サーク

ルがあるから、活動情報をよく確認して自分に合った活動を選ぶのもいいね。

## 1年次は共通教養科目と専門学科の基礎《きそ》を学ぶ

履修《りしゅう》登録をすませると、いよいよ本格的に1年次の授業が始まる。近年は1年間の課程を四つに分けて行う4学期制（クオーター制）を採用する大学が増えている。4学期制だとひとつの授業が約2カ月で完結するので集中的な学習ができ、柔軟《じゅうなん》に履修《りしゅう》計画が立てられるメリットがあるという。

1年次は全学共通の教養科目、理系なら物理学、生物学、数学などの理系共通基礎《きそ》科目や外国語科目、各学科の基礎《きそ》となる専門必修科目などを修得する。教養科目は1・2年次で学ぶことが多いのだけど、1年次からやがて所属する研究室やゼミの内容を紹介《しょうかい》する授業を段階的に学ぶ大学がほとんどだ。また最近は、1年次から資格取得に向けたプログラムやキャリア教育を始める大学も多いよ。入学してから夏休みまではあっという間だ。大学は中学や高校と違《ちが》って夏休みと春休みが長い。その間、何をするか自主性が問われるよ。

## 専門分野の学びを深める2年次・3年次

2章で説明したように、専門の必修科目は各学科で大きく異なる。環境学部で特徴的《とくちょうてき》なのは基礎的《きそてき》な講義に加えて、２年次から各種の調査・観測・分析《ぶんせき》技術を学ぶ演習や実習が多いこと。プロジェクト型の総合研究を始める大学もある。２年次から専門学科やコースに分かれて学ぶ大学では、１年次の後半に学科紹介《しょうかい》ガイダンスなどを行い、自分の関心のある専門分野を決める。２年次からインターンシップ実習、留学に取り組める大学が多いので、興味がある人は早めに情報を集めておこう。

３年次から研究室に所属する大学の場合も、２年次の後半までに対象領域の専門科目を履修《りしゅう》して研究室を決めることになる。３年次になると教養科目のほとんどが終わり、より専門性の高い授業が

## 入学から卒業まで

| | 1年生 | 2年生 | 3年生 | 4年生 |
|---|---|---|---|---|
| 春 | 入学式<br>オリエンテーション | 一般教養課程<br>専門課程<br>フィールドワーク | 専門課程<br>ゼミ・研究室で専門分野の研究・実習<br>フィールドワーク<br>研究活動 | 就職活動<br>フィールドワーク<br>研究活動 |
| 夏 | 一般教養課程<br>専門課程の基礎学習 | 夏休みに留学やインターンシップを経験 | | |
| 秋 | | 学園祭 | 研究室に配属、または配属先が決定（理系）<br>秋・冬インターンシップも | 卒業論文制作 |
| 冬 | 春休み | | | 卒業論文提出<br>就職、大学院に進学 |

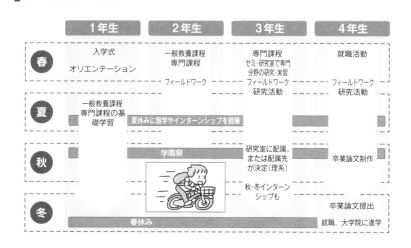

待っている。演習や実習で習得した技術を野外で実践《じっせん》する長期間の野外研修や、海外へのフィールドスタディに出るのも3年次が多い。また3年次になると就職活動を念頭に入れて、夏休みに実施《じっし》されるサマーインターンシップや、その後、秋冬に行われるインターンシップに参加する学生もいるよ。

## 4年次は就職活動と卒論に取り組む

4年次から本格的に研究室に所属して、これまでの研究成果を卒業論文（卒論）にまとめるという大学もある。多くの大学では4年次はほとんど卒論の作成がメーンとなり、就職活動も忙《いそが》しくなるんだ。だから4年次までにすべての単位を取り終えている学生もいる。

一方、各種公務員や専門資格の取得をめざしている学生や大学院への進学を志望している学生は、4年次になって単位を取り終えていても試験勉強の日々が続く。大学院入試は大学入試と違《ちが》い、入試時期も9～10月の秋入試と、1～2月の春入試の2回ある。大学院で学ぼうと考えている学生は、そういうことも念頭に置いて計画を立てているんだ。

3、4年次に専門性がぐっと高まる

学生インタビュー 1

# 地理環境学の専門知識を研究者の支援に活かしたい

東京《とうきょう》都《と》立《りつ》大《だい》学《がく》（旧・首《しゅ》都《と》大《だい》学《がく》東京《とうきょう》）
都市環境学部地理環境学科　4年生
田《た》中《なか》綾《あや》乃《の》さん

旧・首都大学東京都市環境学部を選んだのは、理系で地理学を学べる学科があったから。国公立大学はゼミや研究室の1人の教授に対する学生数が少ないのが魅《み》力《りょく》。将来的に豪雨《ごうう》予測につながるような研究ができて楽しかったそうだ。

## 小学生のころから〝リケジョ〟

小学校の中学年から「日《に》本《ほん》宇《う》宙《ちゅう》少《しょう》年《ねん》団《だん》」に参加していました。この団体は宇宙や科学をテーマにした体験学習などを通して、子どもたちに宇宙への関心や夢《ゆめ》をもってもらう活動をしています。私はそのころから気象に興味をもっていましたし、どちらかというと理系分野が好きな子どもでした。

高校の授業では地理がわりと好きでした。ただ暗記するのではなく、降雨量や気温のグラフを見て問題を読み解いたり、いろいろ考えて答えを導いたりすることが楽しかったのです。

大学では地球惑星《わくせい》科学を勉強したいとも思ったのですが、やはりただ単に現象を勉強するのではなく、人の生活にも関連する学問と

学生インタビュー

して、深く地理学を学びたいと思いました。

国公立大学の理系で地理学科があるところは少なく、第一志望ではなかったのですが、後期試験で合格して、首都大学東京都市環境学部へ。入学当初は都市環境学科地理環境コースでしたが学部再編があって、今は地理環境学科というくくりになっています。

## 地理学は野外実習を重視

地理環境学科の授業では、1年生からフィールドワークがいろいろとありました。大学からアクセスしやすい神奈川《かながわ》県相模原《さがみはら》市にある相模川《さがみがわ》や境川《さかいがわ》などへ、河岸段丘《だんきゅう》や川が削《けず》った地質を見に行ったり、相模原工業団地の成り立ちや町の変化を調べたり、大学の立地を活かしたフィールドワークを行いました。

また、都市地理学の授業では、実際に東京都心にある原宿《はらじゅく》などに足を運び、昔《むかし》の町人町や武家屋敷《やしき》が今どうなっているか、何か名残は見られるかなどを調べたこともありました。

専門的なものでは、2年生前期にすべての研究室の実習を体験するという授業があって、地形判読をしたり、地形図や断面図を書いたり、何班かに分かれて大学周辺を歩いて気温を記録するというものもありました。ここで一応全研究室のエッセンスは味わえるので、2年生後期の選択《せんたく》必修で、行きたい研究室に関連する授業を取って、2択《たく》くらいまで研究室をしぼっておきます。

研究室への正式な配属は4年生からですが、3年生になると夏休みなどを利用して、各研究室のテーマに沿った1週間程度のフィールドワークを行うので、事実上すでにひとつの研究室に所属したという形になります。

## 気象のデータ解析《かいせき》に没頭《ぼっとう》

私は「地理情報学研究室」を選びました。指導教授がおもしろい先生で、1年生の時から「情報リテラシー」「数理地理学」といった必修科目を教えてもらっていました。計算重視の授業やGIS（地理情報システム）ソフトを使って、住宅情報や町ごとの人口データを地図上にプロットする実習などは、とてもおもしろかったです。

研究室での私個人の研究は、フィールドワークがあまり必要ではありませんでした。卒論のテーマは「集中豪雨《ごうう》の比較《ひかく》と解析《かいせき》」だったので、ほとんど研究室にこもって、気象《きしょう》庁《ちょう》のデータや購入《こうにゅう》した解析《かいせき》雨量のデータを使って、豪雨《ごうう》の発生した前後のデータを収集。数値しか出ていないものを、地図上に落とし込《こ》んで色分けし、アニメーション化したり、グラフをつくったりしました。

就職は国立研究機関の総合職に内定しています。運営などを行いながら研究者を支援《しえん》する仕事です。ここでは積乱雲のレーダーなどの研究もしています。みずから研究はしませんが、自分の興味や関心がある研究を支えられると思うと、とてもうれしいです。

## 弓道部で大会に出場

就職活動のため、いったん休止していましたが、大学4年間を通じて、学業以外に打ち込《こ》んでいたのが弓道です。中学、高校とずっと弓道部に所属していたので、大学でも「せっかく弓道部があるなら」と、入学後すぐに入部しました。

正規練習は週2日と週末の練習試合という

大学4年間は体育会系の弓道部で活躍！　取材先提供

感じなのですが、体育会系の部活だけあって、だいたいみんな空きコマや放課後に、構内のはじっこにある弓道場に行き、追い込《こ》んで練習していました。

同期は私を含《ふく》めて女子8名と男子2名。1学年で10人ちょっと。全部合わせて40人強という感じです。さすがに強豪《きょうごう》ぞろいの私立大学のリーグでは、なかなか勝ちあがれませんが、2018年の全関東学生弓道選手権大会では女子団体戦で準優勝し、2019年も男女ともに決勝トーナメントに進出するなど、都内の国公立大学のなかでは、けっこう上位にランクしています。

こうしてふり返ると、自分の興味があった気象の研究と部活動を両立できて、バランスよく楽しめた大学生活だったなと思います。

# 志望していた研究室で充実した学びの日々

学生インタビュー 2

東京《とうきょう》都《と》市《し》大《だい》学《がく》
環境学部環境創生学科　3年生
後藤《ごとう》圭輔《けいすけ》さん

静岡《しずおか》県浜松《はままつ》市で生まれ、自然に囲まれて育った。環境問題に取り組んでいくには、自然環境に関する知識や実体験が、どれだけあるかが左右すると考えている。サークルは１年生からランドスケープ研究会に所属している。

## 入りたい研究室があったから

高校の授業で環境問題を学んだ時、「このままでいいんだろうか」という危機感をもち、この分野にたずさわって、これらの問題の解決に貢献《こうけん》したいと思うようになりました。高校の時は理系で、大学では機械工学など工学系の学部に進学しようと考えていたのですが、ほんとうにやりたい勉強は「環境学」だと自覚して、志望を変更しました。

東京都市大学をめざした大きな理由は、「田中章（ランドスケープ・エコシステムズ）研究室」のホームページを見て、ここで学んでみたいと思ったからです。失われた生態系の復元や創造するための調査、評価、計画、政策立案など、フィールドから政策まで、ローカルからグローバルまでを対象に研究する

学生インタビュー

という説明を読んで、「僕《ぼく》がしたいのはこれだ！」と思いました。

この大学には建物内の照明や気温との関係など、居住環境を考察するような講義もありました。僕《ぼく》は「環境学」の性質上、いろいろな分野を横断的に勉強することが重要だと考え、それらの科目も勉強しました。そして3年生からは、入りたかった研究室に所属し、専門分野を学んでいくことになりました。

## 緑化活動にも取り組む

僕《ぼく》の研究対象は、自然環境保全の政策や仕組みなどの制度です。米国をはじめ諸外国にある制度を、日本にどのように取り入れるかを重点的に研究しているのですが、諸外国の制度について、現実的な保全の仕組みやその実用性を理解できた時はワクワクします。実際に運用されている海外の先進的な制度を知ることは、とても勉強になります。

座学だけでなく、フィールドワークも日常的に行っています。大学の中庭のビオトープやハーブの芝生《しばふ》は僕《ぼく》の研究室が管理していますし、テニスコート前のフェンスに日本の在来種のバラ類やクレマチスなどの蔓《つる》性の植物をはわせて、緑化も行っています。

キャンパスを離《はな》れた活動では、神奈川県横《よこ》浜《はま》市にある「元町百段公園《もとまちひゃくだんこうえん》」のバラを管理しています。研究室が「横浜《よこはま》ばら会《かい》」という団体の方々とともに無肥料・無農薬で栽培《さいばい》しているのです。もともと東京都市大学の横浜キャンパスで行っていたバラの無肥料・無農薬栽培を、2018年の夏より元町百段公園で実施《じっし》したプロジェクトで、土壌《どじょう》改良からバラの植え込《こ》みまで丹念に行いました。僕《ぼく》はプロジェクトの最初からかかわっていますが、研究室では僕《ぼく》のように制度を専門に研究している学生でも、植物の手入れや造園の知識まで幅広《はばひろ》く学べます。この研究室では、自然環境保全について何を学んでいくべきかを知るきっかけを得られることが魅力《みりょく》です。

## 環境アセスメントの学会で発表

入学していちばん印象に残っているのは、2年生の夏に日本で開催《かいさい》された第12回アジア環境アセスメント国際会議で発表したことです。この会議は僕《ぼく》が専攻《せんこう》している環境アセスメント（環境影響《えいきょう》評価）分野の学会で、日本、韓国《かんこく》、中国《ちゅうごく》を中心にASEAN（東南《とうなん》アジア諸国連合《しょこくれんごう》）諸国の環境アセスメントや環境保全に関する技術・政策について、情報交換などの国際交流が目的で開催《かいさい》されています。

僕《ぼく》は「環境影響《えいきょう》評価制度の意思決定プロセスに関する研究」について発表しました。田中章研究室からは教授と学生の計6名が英語で発表し、僕も2年生で研究室に配属される前でしたが、発表をさせてもらえました。

自然環境保全分野で日本は先進国だと思っていましたが、欧米《おうべい》に比べるとまだまだで、中国や韓国にも先を越《こ》されている部分もあるのではないかと感じました。3年生でも学会に参加しましたが、ほかの人の研究発表を聞くにつけ、環境保全の分野にもっと深くたずさわっていきたいと思いを強くしました。

## 環境を守る仕事に就くために

3年生の夏には、建設コンサルタント会社の環境部署にインターンに行きました。建設コンサルタントのなかでも環境アセスメント

大学のビオトープを管理しています　　取材先提供

や環境影響《えいきょう》評価や環境に関する政策制度の立案、自然保全事業などを主な業務としているのがこの部署で、僕《ぼく》がめざしている仕事です。この時体験した業務は、ある川でカミツキガメの環境DNA調査を行い、そこにカミツキガメが生息しているのかどうかを調査するというものでした。

今は4年生になってすぐに行う研究発表に向けて、準備の真っ最中です。テーマは「空港の拡張工事における生物多様性オフセット」。生物多様性オフセットがいくつかの国でどのように行われているのかを、実際の事業を調査することで比較《ひかく》し、考察した結果をレポートします。インターンの経験もしましたが、もう少し専攻《せんこう》分野の知見を深めたい。卒業後は大学院に進み、同じ研究室で研鑽《けんさん》を積みたいと考えています。

学生インタビュー 3

# 情熱を傾けられるゼミの存在は大きい

法政大学《ほうせいだいがく》
人間環境学部人間環境学科　4年生
山口実帆《やまぐちみほ》さん

この学部のキーワードは「持続可能性」。社会も企業《きぎょう》も、そして個々人の成長も持続可能であることが大切だということを、ゼミ活動から学んだ。卒業後は大学で学んだこと、身につけたことを活かして経営企画《きかく》にたずさわってみたい。

## 自己推薦《すいせん》入試で現役合格

幼稚園《ようちえん》からずっと英会話を学び、高校2年生の時に1カ月間イギリスに留学した経験があるので、大学では「観光学部」とか「国際〇〇学部」というような、英語を使える学部への進学を考えていました。そのため法政大学のオープンキャンパスでも、国際文化学部やグローバル教養学部の説明を重点的に聞いていたのですが、せっかくなのでほかの学部も回ってみようと思って、人間環境学部の説明も聞きに行きました。

人間環境学部はキーワードである「持続可能性」を軸《じく》にして、環境問題だけでなく国際経済や経営学、法律などなど、理系も文系も取り入れていて、法政大学のほかの学部のいいとこ取りみたいな学部だなと思いました。

その時から人間環境学部のほうが自分に向いているのではないかと思い始めたのです。

そこで得意な英語力を活かして、人間環境学部の自己推薦《すいせん》入試にトライしました。試験は英語の筆記試験と小論文と面接。この時、何かひとつでも「これだけは負けない」というものがあると強いなと思いました。

## 五つのコースから選択《せんたく》

人間環境学部は人間環境学科のみで、コース制になっています。コースは「ローカル・サステイナビリティ」「グローバル・サステイナビリティ」「サステイナブル経済・経営」「人間文化」「環境サイエンス」の五つがあります。1年生でコースの内容に関連する基礎《きそ》演習を取って、2年生から取り組みたいテーマに合ったコースを選びます。コースによって学ぶ方向性がかなり違《ちが》い、ローカル・サステイナビリティや環境サイエンスでは、地球や地域の環境を考えるので自然環境へのアプローチが多く、青森《あおもり》のリンゴ農家の人といっしょにどのように地域を発展させていくか、という課題に取り組んでいた人もいました。

1年生の時、私がおもしろいと思った授業は「現代企業《きぎょう》論」や「CSR論」で、どちらかというと環境学というより経営学のような授業でした。企業《きぎょう》がどのように環境に配《はい》慮《りょ》し、企業《きぎょう》価値をどう上げていくかといった視点も新鮮《しんせん》に感じ、企業《きぎょう》と環境の関連性についても、もっと学びたいと思いました。

## 「日経《にっけい》ストックリーグ」への挑戦《ちょうせん》

そこで、環境と経済・経営を重点的に学ぶ「サステイナブル経済・経営」コースを選び、ゼミもその担当教授のゼミである「長谷川《はせがわ》研究会」に入りました。長谷川研究会は、日本《にほん》経済新聞社《けいざいしんぶんしゃ》が主催《しゅさい》しているバーチャルで株式投資を行うための「日経ストックリーグ」というレポートコンテストに取り組んでいるゼミで、創設以来ずっとチャレンジし、毎年入選・入賞してきました。とても人気があるゼミなのですが、学部で「いちばんのガチゼミ」と言われていて（笑）、本気で取り組む人しか入れないゼミでした。

日経ストックリーグには、ゼミから２年生と３年生が４、５人のチームを組んで、毎年３、４チームが出場します。私は２年生の時、「働き方改革と生産性の向上」をテーマに企《き》業《ぎょう》を分析《ぶんせき》し、レポートしました。株式を上場している３６００社から、投資したいと思う理想の企業《きぎょう》20社を選定するのですが、重視するポイントはＳＤＧｓ（持続可能な開発目標）の動向です。調査する企業《きぎょう》への依頼《いらい》もすべて自分たちでやらなくてはならないので、とにかく電話をかけまくって、趣旨《しゅし》を伝えてお願いしました。

## 念願の企業《きぎょう》に就職決定

３年生の時はゼミ長をやりながら、２年生のサポートをしたり、ゼミ生と先生の間に入ってつないだり、フォローしたりしながら、日経ストックリーグに挑戦《ちょうせん》しました。戦国武将の戦略を例にあげて、ＳＤＧｓが求める企業《きぎょう》像を分析《ぶんせき》し「ビジネス戦国時代を勝ち抜《ぬ》く経営術」と題して選定した20社を発表しました。このレポートは「三英傑《えいけつ》から企業《きぎょう》経営をひもとく手法がユニークだ」と評価され、２０１８年度日経ストックリーグのアイ

日経ストックリーグでアイデア賞を受賞　　取材先提供

デア賞を受賞しました。

日経ストックリーグへの挑戦《ちょうせん》は、ほんとうに貴重な経験でした。いろいろな企業《きぎょう》に行って、実際に話を聞くうちに度胸がつきますし、礼節のある話し方や対応の仕方も身につきます。同時に企業《きぎょう》側の姿勢も見えてきます。

2年生で企業《きぎょう》を訪問して調査を進めた時、とても対応がよくて、魅力的《みりょくてき》な会社がありました。その時、「ここで働きたい」と思いました。3年生の時の調査でも、その会社を訪ねて、別の角度からお話を聞きました。やはりひかれるものがありました。

就職活動は日経ストックリーグで選定した企業《きぎょう》のうち、特に気になっていた3社にのみ面接に行きました。最終的には2年生の時からあこがれていた会社に就職が決まり、今から入社が楽しみで仕方ありません。

学生
インタビュー
4

# 環境を汚染しない
# 植物材料を研究中

東京農工大学《とうきょうのうこうだいがく》
農学部環境資源科学科　4年生
保坂茜音《ほさかあかね》さん

高校生の時に受けた大学での体験授業はインパクトがあったという保坂さん。マイクロプラスチックが環境を汚染《おせん》しているので、プラスチックの代替品《だいたいひん》として使えるように、紙が自然に戻《もど》ることを証明する前段の実験を重ねている。

## アメリカ社会の現状を見て

高校生の時に父の転勤で、アメリカ・カリフォルニア州に住んでいたことがあります。アメリカ人は驚くほど大量生産・大量消費型の生活をしていました。たとえばパーティーがあると、豪華《ごうか》に飾《かざ》りつけては捨ててしまうし、料理もたくさんケータリングしても半分ほどは捨てていました。一方で、高校の駐車《ちゅうしゃ》場の屋根を太陽光パネルにしているなど、環境への負荷を減らす取り組みもしていました。それで環境問題を意識し、大学では環境関連の学部で学びたいと思うようになりました。

調べるうちに、日本ではじめて「環境」を専門に研究する学科を創設したのが東京農工大学だと知りました。高校2年生の時、アメリカから一時帰国して、東京農工大学の体験授業を受けてみたのです。その時、話をしてくれた先生の一人が今所属している研究室の指導教授で、きのこから生分解性プラスチックがつくれることを教えてくれました。

理科はあまり得意ではなかったけれど、生物の分野からも環境に貢献《こうけん》できることを知り、「できるかも」という気持ちに。林学を学べる他大学にもあこがれていましたが、その思いはセンター試験で打ち砕《くだ》かれました（笑）。

## フィリピンでの留学経験

1、2年生の時は教養科目が多く、専門授業は週に2、3あるかどうか。集中講義で土曜日に一日野外に出ることもありましたが、基本的には化学、生物、物理など理系の学び直しといった授業が多かったです。

3年生になると、後期に交換《こうかん》留学制度で東南アジアの国に半年間行けることになっていて、奨学金《しょうがくきん》が支給されるうえ留学先が東南アジアということがめずらしく、興味をひかれて応募《おうぼ》しました。私の留学先はフィリピンで、現地の大学の林学部に所属することになりました。林学を選んだのは、森林破壊《はかい》などの環境問題にかかわる分野だと思い、その知見を広げたかったからです。

フィリピンはかつて地図が真っ白になるほど緑の大地を失いましたが、今少しずつ復活しています。森がなくなったのは、日本が高度経済成長期に大量の木材を輸入したからだと聞かされました。現地で「日本人が来て木を伐採《ばっさい》した結果、フィリピンの国土はこうなった」と語られているのがショックでした。

さらに滞在《たいざい》したロスバニョス市ではプラスチック製レジ袋やストローなど、使い捨てプラスチック製品の配布禁止を条例で定めていて、日本より環境への配慮《はいりょ》がなされていました。環境問題に対して日本は進んでいると思っていましたがそうではなく、大きな発見でした。

## 木片をエネルギーに変える

3年生の後期に研究室に配属されます。留学後、私は高校生の時に体験授業をしてくれた教授が指導する「生分解制御《せいぎょ》学研究室」に入りました。生分解を簡単にいうと「腐《くさ》る」ということです。木材が腐《くさ》って分解されて糖になると、バイオエタノールに変換《へんかん》できます。糖にさえしてしまえばエタノールにするのは簡単なのですが、その前に、いろいろな化学成分でできている木材を、どうやって分解するかが難しい問題なのです。

生分解制御《せいぎょ》学研究室では、主にこうした木材の腐朽《ふきゅう》、微生物《びせいぶつ》によって分解されるメカニズムや腐《くさ》る過程で出る有用物質を利用する技術などを研究しています。環境資源科学科は、環境で何が起こっているかを追究する分野と、資源をどうやって使うかを考える分野に分かれているのですが、私の研究分野は後者。純粋《じゅんすい》に物質の性質を研究する理学部のような内容を扱《あつか》う研究室もあり、一見、環境問題との結びつきがわかりにくいこともあります。しかし、逆にそれだけ環境科学とはさまざまな要素を含《ふく》んだ多岐《たき》にわたる分野なのだということを、この4年間で学びました。

## 脱《だつ》プラスチックをめざして

私が今取り組んでいるのは、紙の腐朽《ふきゅう》です。将来的にプラスチックの代替《だいたい》として使う紙の可能性をどれだけ広げられるか、という

微生物を検出する研究のようす　取材先提供

前段の研究として、紙が自然界でちゃんと分解される素材であることを証明しなくてはなりません。私はまず海水サンプルと紙を使って、腐朽《ふきゅう》の経過を調べています。そこにかかわっている微生物《びせいぶつ》を検出できたらいいなと思ってDNAを採取して調べているのですが、その作業でちょっと苦戦しています。

将来は、環境問題解決に向けてただ環境への貢献《こうけん》をうたう仕事ではなく、科学的根拠《こんきょ》をもって解決案を生み出せるような仕事をしたいと思っています。具体的な職業のひとつが、人と技術を結び、問題解決に向けた提案ができる環境コンサルタントです。1、2年生で理系的な見方で環境を浅く広く学び、3年生で研究室に入ってから進みたい分野が見えてきたので、大学院に進学して修士の2年間ではっきりさせられたらいいなと思っています。

# 4章

## 資格取得や卒業後の就職先は
## どのようになっていますか？

# Q16 卒業後に就く主な仕事はなんですか?

## 理工系学科では大学院に進む人が多い

環境《かんきょう》学部の場合、卒業後、理工系学科とほかの学科で大きく異なる点は、理工系学科の卒業生は大学院に進学する人が多いということだ。ある大学ではおよそ6割の卒業生が大学院に進学すると聞いたよ。大学院に進学するメリットは、より高い専門性を身につけることができる点にある。大学にも専攻《せんこう》はあり、配属された研究室では専攻《せんこう》する分野の研究に力を注ぐことができるのだけど、大学院ではさらにテーマをしぼって集中的に思考を深め、研究することになるよね。その研究成果を発表する機会も増え、研究内容によっては国際的な学会に参加することもあるし、企業《きぎょう》や自治体との提携《ていけい》プロジェクトにかかわることもあれば、海外で活躍《かつやく》している人たちと交流する機会も得られる。大学で学んだことと以上に高度な専門知識と技術、実践力《じっせんりょく》を身につけることができるんだ。

大学院は、自分の卒業大学以外の大学院も選ぶことができる。どこの大学院に進むにも、

大学院入試に合格する必要があるが、別の大学の大学院に専攻《せんこう》したい学科分野があれば、そちらを受験できるので調べてみるといいよ。よく「大学院で学んだ2年分、社会に出るのが遅《おく》れるから、就職に不利なんじゃないか」と心配する声を聞くけれど、そんなことはない。研究内容が直接活かせる就職先を探すとなると、なかなかハードルは高いけれど、大手企業《きぎょう》の研究職の条件として大学院の修了《しゅうりょう》が求められることもあるくらいだ。

## 各省庁や地方公共団体の技術系職員も

国公立大学と私立大学とでは就職先の傾向《けいこう》が少々異なる。私立大学より国公立大学は学部卒、大学院卒ともに国家公務員や地方公務員になる人が多い。自分の専門知識を活かしながら国や地方自治体のプロジェクトに貢献《こうけん》したいと考えて、各省庁や地方公共団体の技術系職員をめざす人が少なくないんだ。

国土交通《こくどこうつう》省の造園職職員として国営公園の整備・管理運営、都市環境を向上させるための緑の確保や保全を担当したり、環境省では自然保護官として外来種対策や野生鳥獣《ちょうじゅう》の保護にたずさわったり、気候変動の国際交渉《こうしょう》部署で交渉《こうしょう》官の支援《しえん》を担当した先輩《せんぱい》がいる。また気象庁《きしょうちょう》で上空の気温や風などを観測する高層気象観測や温室効果ガス観測にたずさわったり、地方自治体でも災害に強い地域づくりを推進したり、都市近郊の環境保全・保護の啓発《けいはつ》事業に取り組んだり、水資源施設《しせつ》の機械設備を管理するなど、活躍《かつやく》している卒業生たちがたくさんいるよ。理工系学科で深めた知見は、技術的な観点から環境問題を解決するために必要不可欠だ。ただ、実際に働く現場では、技術職員も専門業務だけでなく、文系の職員とともに幅広《はばひろ》い行政業務にたずさわることになることは覚えておこう。

各省庁に属する国立研究所や地方公共団体の試験研究機関などの研究員も人気があると聞くけれど、事実上、修士・博士課程の修了《しゅうりょう》者でないと採用は難しく、専門職だけに人員異動が少なくて空きが出ないぶん、とても狭《せま》き門らしい。どれだけの枠《わく》があるかなど、気になる研究機関の採用情報はこまめにチェックしておこう。

## 人気のコンサルタント業務

どこの大学でも人気が高い職業が建設コンサルタント、環境コンサルタントだ。建設コンサルタントは官公庁や地方自治体、企業《きぎょう》に対して、たとえば道路や港、空港などのインフラの整備計画、農業用地や河川の整備計画、防災計画やハザードマップなどを作成するために専門知識や技術を活かして必要な調査や企画《きかく》・立案を行うんだ。建設業とは違《ちが》い、建設機械を使って実際に工事をすることはなく、建設会社が行う施工《せこう》に必要な事前調査を行って事業計画を作成し、施工《せこう》管理をするのが主な仕事だよ。

一方、環境コンサルタントは官公庁や地方自治体、企業《きぎょう》などが行う事業について、まず環境に関する問題や課題を見つけ出して分析《ぶんせき》する。そして周辺の生活環境に与《あた》える影《えい》響《きょう》を調査して評価し、問題点を改善するための提案や専門的なアドバイスをするのが主な仕事だ。環境コンサルタントの需要《じゅよう》は増加傾向《けいこう》にあるといわれているけれど、特別な資格が必要とされていないだけに、個人の能力が問われるよ。

## 活躍《かつやく》できるフィールドは多様

建設および環境コンサルタント会社をはじめ、環境調査・分析《ぶんせき》などを行う環境関連企《き》業《ぎょう》、資源・エネルギー関連企業《きぎょう》への就職のほか、化学製品や食品など各種製造業、建設業、情報通信業などへの就職率が高いよ。また、環境保全活動や啓蒙《けいもう》活動を行っているNPOやNGO、公益法人などで働く人もいるし、業種をしぼらず一般《いっぱん》企業《きぎょう》の「環境部門」「製品開発部門」をめざすというパターンもある。多数の企業《きぎょう》がキャンパス内で行う合同企《き》業《ぎょう》説明会や、インターンシップを上手に活用して就職活動につなげよう。

大学院への進学と公務員への就職が多いよ

# Q17 環境学部で取りやすい資格を教えてください

## いろいろな資格取得をめざせる分野

環境分野の仕事がさまざまな業界にまたがっているだけに、関連する資格もとてもたくさんあるんだ。102ページには、どの大学の学科でもめざせる学芸員や司書、中学校教諭《きょうゆ》（理科・社会など）、高校教諭《きょうゆ》（地理歴史・理科・公民など）は入れていない。それでも、かなりいろいろあることがわかると思う。資格には、所定の科目の単位を取れば得られる資格、所定の科目の単位を取って卒業すると受験する権利を得られる資格、単位を取得して実務経験を積めば得られる資格がある。また国家資格から公的資格、民間資格まで種類もさまざまなので、関心のある分野の資格については、あらかじめ調べておこう。

## 技術士は権威《けんい》ある国家資格

社会的なニーズが高く、就職・転職にも有利な資格のひとつが、文部科学《もんぶかがく》省が認定する技術士だ。技術士は、一般的《いっぱんてき》な知名度はあまり高くないけれど、超《ちょう》難関試験を突破《とっぱ》しなければ得られない科学技術界でもっとも権威《けんい》のある国家資格だといわれているんだ。技術士の資格は機械や航空・宇宙、資源工学、建設、環境、上下水道など21の技術部門に分かれていて、資格を取得したそれぞれの分野で、専門知識と応用能力を駆使《くし》して計画や調査、研究、設計などの業務にあたる。

技術士の資格を取得するためには、技術士を補佐《ほさ》する技術士補の資格を取得してから4年以上実務経験を積まなくてはならない。だから、まずは大学での履修《りしゅう》をもとに技術士補の資格試験をめざすことになる。業界や企業《きぎょう》間では評価の高い資格で、特に建設コンサルタント会社では有資格者が求められているよ。

## 国土交通省が認定する測量士・測量士補

建造物の建築や道路の施工《せこう》、土地開発などのほか、正確な地図の作成にも必要とされる測量。測量士・測量士補はそれにたずさわる専門家だ。国土交通省が認定する国家資格で、建物の建設条件や地域の開発計画などを決める重要な仕事を担う。測量士補は資格養成の認定大学で測量に関する必要科目の単位を取ることで資格が取得でき、大学卒業後、測量士補として1年以上実務経験をしたのちに登録申請《しんせい》すれば、測量士の資格が得られるんだ。

## その他の国家資格

環境計量士――公害防止や環境保全を目的に、騒音《そうおん》・振動《しんどう》と大気・水質・土《ど》壌《じょう》などの汚染濃度《おせんのうど》を測定し、検査や計量管理を行う技術者。

公害防止管理者――工場における燃料や原材料の検査、排出水《はいしゅつすい》や地下浸透《しんとう》水の汚染《おせん》状態やダイオキシン量の測定、騒《そう》音《おん》・振動《しんどう》の改善などを指示する公害防止の専門家。

造園施工《せこう》管理技士――造園工事の施工《せこう》計画を作成したり、工程管理や品質管理、安全管理を行う景観創生の施工《せこう》技術者であり監督《かんとく》だ。

### 環境学部で取得をめざせる主な資格

**環境科学・融合系**

- 技術士・技術士補
- 測量士・測量士補
- 造園施工管理技士
- 環境計量士
- 公害防止管理者
- 自然再生士・自然再生士補

**自然科学（理学）系**

- 技術士・技術士補
- 毒物劇物取扱責任者
- 特定高圧ガス取扱主任者
- 危険物取扱者
- 化学分析技能士
- 気象予報士

**自然科学（工学）系**

- 技術士・技術士補
- 測量士・測量士補
- 土木施工管理技士
- 建築士・建築施工管理技士
- 公害防止管理者
- 放射線取扱主任者

**社会科学系**

- 公害防止管理者
- 宅地建物取引士
- 環境マネジメントシステム審査員
- 社会調査士
- 環境管理士
- 地域調査士

**人文科学系**

- 社会教育主事
- GIS学術士
- 地域調査士
- 公害防止管理者
- 気象予報士
- 環境社会検定

## こんな資格も人気がある

ＧＩＳ学術士――日本地理学会《にほんちりがっかい》の認定資格で、データの操作から表示、分析《ぶんせき》、データベースの構築などの機能が統合されたＧＩＳ（地理情報システム）の専門技術者。ＧＩＳは気象予報や都市のインフラ管理、統計調査や防災計画、交通予測など、さまざまな分野で実用化が進んでいるので、有資格者の活躍《かつやく》の場が広がっているよ。

ビオトープ管理士――日本生態系協会《にほんせいたいけいきょうかい》の認定資格で、生態系の保護・保全、復元にたずさわる技術者の証明。都市計画、農村計画など広域な地域計画をプランニングするビオトープ計画管理士と設計・施工《せこう》現場の担当技術者としてのビオトープ施工《せこう》管理士の２種類がある。

自然再生士・自然再生士補――日本緑化《にほんりょくか》センターの認定資格で、損なわれた自然環境を取り戻《もど》すための知識や技術、経験をもつ自然再生のけん引役だ。所定の科目を履修《りしゅう》して単位を取れば、自然再生士補の資格が得られる大学もあるよ。

仕事に必要な資格も多い。計画的にチャレンジしよう

# Q18 意外な仕事でも活躍している先輩はいますか？

## 専門知識の思わぬ活かし方

環境学部では、学科が違《ちが》えば就職する人が多い職業も違《ちが》ってくる。ただ業務の幅《はば》が広い建設コンサルタント、環境コンサルタントの人気は高く、それにつながる資格をめざす人が多い。「環境関連の学問を学んだ先輩《せんぱい》がしている意外な仕事は何だと思う？」と聞かれたら、みんなはどんな職業を思い浮《う》かべるのかな。世の中には大学で学んだことが、すぐに反映できる仕事もあれば、そうでない仕事もある。意外な仕事はあるかと聞かれても、答えるのはちょっと難しいのだけど、つぎのような話を聞いた。

テレビ局のプロデューサーをしている人がいる。職業からすると、環境学部の学びとは結びつかない意外な仕事の気がするけれど、その人は大学で造園学や緑化植栽《しょくさい》を学び、その専門知識を武器にテレビ局に就職したという。そして園芸番組のプロデューサーとして企画《きかく》や構成を手がけているんだ。学びの活かし方もいろいろあるという一例だね。

## 気象予報士への近道

意外な仕事でもないけれど、環境学部を卒業して気象予報士になった人がいる。気象予報士の資格試験は年齢《ねんれい》や学歴などの制限なく、基本的には誰《だれ》でも受験できる。文系・理系の枠《わく》を超《こ》えてめざせる国家資格なのだけど、地球環境のことや気象に関する最新の知識を学べる学科は環境系の学部がある大学に多いんだ。文系のほかの学部でも地理学について学べる学科や研究室なら、気象について学べると思う。気象予報士は難易度の高い資格だけに、大学や学部で専門的に学んだほうがだんぜん有利だ。

近年はより高い精度の気象情報を導き出すためにＡＩ（人工知能）も導入され始め、今後、気象予報士の需要《じゅよう》が拡大する可能性は低いかもしれないけれど、天候は生活や命にかかわる重大な要素だから、これからも気象予報士の果たす役割は期待されると思うよ。有資格者だからといってすぐに就職先が見つかる時代ではないけれど、それならほかの気象予報士がもっていないプラスアルファーの資格や能力を身につけて活躍《かつやく》の場を手にしよう。

どんな分野の仕事でも活かし方しだい

卒業生
インタビュー
1

# 専門分野を追究した経験は社会人になっても活かされる

国際協力機構《こくさいきょうりょくきこう》（JICA）
南アジア部
首都大学東京《しゅとだいがくとうきょう》（現・東京都立大学《とうきょうとりつだいがく》）都市環境学部卒業

## 伊藤大介《いとうだいすけ》さん

取材先提供

大学３年の時、１カ月以上にわたってロシアのモスクワから北欧《ほくおう》４カ国を回ってチェコまで、鉄道で行くバックパックの旅を体験。数々の海外旅行の経験と地学・地質学研究のフィールドワークが人間力を培《つちか》った。

### 大学院まで地形・地質学を専攻《せんこう》

高校の授業で地理がいちばん好きだった私が進学したのは、首都大学東京（現・東京都立大学）都市環境学部の地理環境学科でした。所属した研究室は地形・地質学研究室。研究テーマは「昔《むかし》の河川のシステムの復元」で、昔《むかし》の河川環境を調べるというものでした。調査する現場は出身地である三重《みえ》県の一部の地区に決めました。

フィールドワークの方法は、まず目当ての時代の地質の分布を地質図で探し、その後、地形図と重ね合わせて、地層が見えそうな河川沿い（沢）や急な崖《がけ》、採石場を探します。ヘルメットをかぶってハンマーを握《にぎ》りしめ、工事現場の人のようなかっこうでサンプリングをしたり、スケッチをしたり、必要に応じて、化学分析もしました。1年以上かけて地形や地質の変化などを調査した結果と文献《ぶんけん》調査を照合して整合がとれていれば、地殻《ちかく》変動の影響《えいきょう》を受けて変化したと結論づけられるわけです。この研究の卒論制作はキツかったけれど、研究そのものは興味深かったので、大学院に行って同じ研究を続けました。

## 途上国支援《とじょうこくしえん》の経験を積む

大学3年生までは、アルバイトをしては海外をバックパックで旅行する生活を楽しんでいました。大学院ではスウェーデンに留学。単なる旅とは違《ちが》う海外生活も経験しました。そのため就職は、専門分野を活かして、海外で大きなインフラ整備にかかわる建設コンサルタントを仕事にできればと思っていました。調べると海外プロジェクトの多くは国際協力機関である国際協力機構（JICA）が手がけているので、「それなら」とJICAへの就職を志望。

採用されて1年目にする3カ月間の海外研修では、なんとヨルダンに駐在《ちゅうざい》することに。当時シリアの内戦が激《はげ》しい時で、シリアの南側にあるヨルダンには国境を越《こ》えて難民が流入してきました。私たちは国連難民高等弁務官事務所といっしょに難民の受け入れ支援《しえん》のほか、キャンプ内のインフラ整備や就労支援《しえん》なども行いました。国際協力と人道支援《しえん》を行うタフな現場でしたが、貴重な経験でした。

初出張は、日本から飛行機で40時間くらいかかる南太平洋のキリバス共和国《きょうわこく》に一人で行きました。整備した港の桟橋《さんばし》に船が衝突《しょうとつ》して壊《こわ》れたので、その補修プロジェクトを立ち上げるためです。

## エンジニアとしての自負

JICAでは日本の政府と相手国政府の要望などを聞いてプロジェクトを立ち上げ、それに基づいてコンサルタントが仕事をします。コンサルタントの技術的な意見や現実的な要望を理解できる人材が必要です。

私は大学でコンサルタントと同じような専門分野を追究してきたので、コンサルタントの発言や技術的な意義などをすぐに理解することができます。それを政府レベルの専門外の人に伝えなくてはいけない時に、わかりやすく伝えられるのが私の強みです。コンサルタントと話す時はいつも楽しい。専門分野を深める楽しさと大変さを知っているからこそ、私は常にコンサルタントにいちばん近い存在でありたいと思っています。

私にはエンジニアとしての研究経験やバックグラウンドをもっているという自負があります。相手国から無理なお願いをされることもありますが、それをただコンサルタントに投げるのではなく、技術的な検証や金額的な実例を出して、全体の相場観を調整するようなことにも取り組んでいます。

## 目的意識をもつからこそのやりがい

現在担当しているのはバングラデシュ人民共和国のプロジェクトです。新たに開発が進む工業地帯で、今後必要な水を供給するための施設《しせつ》（貯水池や堰《せき》、井戸など）を開発しています。バングラデシュは発展していこうというエネルギーにあふれています。そのエネルギッシュな感じは、今の日本では味わうことができません。「明日はよくなる！」と上

バングラデシュでのインタビュー風景　取材先提供

を向いて、一生懸命《いっしょうけんめい》働いている人たちといっしょに仕事をするのはとても楽しいです。安定志向など求めずにがんばっている同世代の人たちには触発《しょくはつ》されるし、鼓舞《こぶ》される。働くモチベーションも上がります。

もし国際的な仕事や海外にあこがれているのであれば、海外に行く経験をお勧《すす》めします。バックパッカーだとアジアなら物価も安いので、飛行機とホテル代を含《ふく》めても1週間で10万円くらいです。10万円は大金ですが、手が届かない額ではありません。アルバイトをまじめに1カ月すれば3、4万円になります。それを貯めて10万円になった時に海外に行くか、日本で何となく使うかでは大きな違《ちが》いがあります。長い休みに、ちょっと海外に行った経験が、その後の進路を大きく左右する「人生の転機」になるかもしれません。

# 環境創生の専門知識を現場で活かして活躍

卒業生インタビュー 2

石勝《いしかつ》エクステリア　施工《せこう》本部
東京都市大学《とうきょうとしだいがく》環境学部卒業

藤瀬弘昭《ふじせひろあき》さん

生態系復元・創造にかかわる研究室に所属していた時にビオトープ管理士の資格を知り、院生の時に施工《せこう》部門の２級ビオトープ管理士資格を取得。町の緑化や自然創生など、自分がめざしていた仕事に就き、充実《じゅうじつ》した日々を送っている。

取材先提供

## 引っ越《こ》しが転機になった

出身は福岡《ふくおか》県で、身近に川があって山が望めて、恵まれた自然環境の中で育ちました。小学1年生の時に千葉《ちば》県に引っ越《こ》してきたのですが、関東平野だから山がないのは仕方ないにしても、かけ回って遊ぶ野山もなく、環境がまったく変わってしまいました。車も多くて、その時は排気《はいき》ガスだと知らなかったけれど、空気が汚《よご》れていて、子どもながら「いやだな」と思いました。

高校生の時、テレビなどで見た環境問題の解決に、自分もたずさわりたいと思ったので、大学は環境問題を学べる学部をめざしました。ただ環境問題といっても、自然環境もあればエネルギー関係もある。どれをやりたいかまでしぼり切れなかったので、広く学べそうな東京都市大学環境学部の環境情報学科（現・環境創生学科）に進学しました。

## 劇的な授業との出合い

2年生の「自然復元論」の授業だったと思うのですが、教授がアメリカで自然復元にたずさわり、何年もかけて動植物の生息環境を取り戻《もど》していく過程を写真とともに解説してくれました。池ができて森ができて、最終的にはコヨーテが戻《もど》ってきたのです。その写真を見た時には鳥肌《とりはだ》がたちました。それから自然復元に興味をもち、3年生からその教授の研究室で、教授が考案した「ビオトープ・パッケージ」の施工《せこう》・維持《いじ》に熱中しました。これは都市の狭《せま》い環境にも簡易的に生物の生息域をつくり出すことができる方法で、最初は屋上緑化の一環《いっかん》として設置したものでした。

そのころ就職活動のつもりで、環境コンサルタントのインターンを経験しました。何年後かにダムを建設する場所を見に行き、ダム建設によってどの程度環境に影響《えいきょう》があるかを評価するという仕事に立ち会いました。絶《ぜっ》滅《めっ》危《き》惧《ぐ》種《しゅ》に指定された貴重なドジョウの生息地がなくなる可能性があり、それをどう食い止めるかといった生物調査も行いました。

この経験から僕《ぼく》は、調査や報告といった仕事より、開発によって失われそうになる生物の生息環境を設計、創生・復元する仕事がしたいのだということがはっきりしました。そこでランドスケープの技術者になるために研究室に残り、大学院に進みました。

## 緑化の設計から施工《せこう》まで

大学院修了《しゅうりょう》後、教授の「まずは現場に行

け」との教え通り、造園業や設計会社でアルバイトをして現場を体感しました。その後、大きな公園などの工事を請け負《う》う造園会社に就職し、現場監督《かんとく》になりました。仕事そのものはおもしろかったのですが、役所仕事が多かったため、立場上、膨大《ぼうだい》な数の書類を書かなくてはなりませんでした。書類をつくっている間にもう木が植わっているという感じ(笑)。書類づくりは学べましたが、「もっと現場に出たい」「環境問題にも貢献《こうけん》できる立場になりたい」と思い、3年で転職しました。

現在の会社では造園設計から施工《せこう》まですべてをこなし、やはり現場監督《かんとく》ですが、自分が求めていた仕事に近い。まず新しい仕事を受注すると設計部が設計します。図面ができあがり「これから施工《せこう》だ」という段になると僕《ぼく》の出番です。必要な植木などを発注するのも僕《ぼく》の仕事だし、造園する職人の手配もします。現場では図面を見ながら、木や石などをどこにどう配置するかの指示を出す。それがおもしろいのです。施工《せこう》先は個人宅の園庭をはじめ公園から町の全体まで。つまり町の緑化にたずさわっているということです。街路樹の管理や公園の設計プランとして、遊歩道やデッキの配置、水棲《すいせい》生物の生息地の設置などを提案することもあります。

## アメリカで自然復元を学びたい

将来的にはもっともっと自然に近いものを再現したい。再現計画から設計、施工《せこう》まですべてを手がけてみたいです。適材適所で職人を配置するのも監督《かんとく》の重要な役目なので、そのネットワークも大事にしたいと考えています。さらに、アメリカで自然復元やランドス

現場監督として従事した造園現場にて　取材先提供

ケープを勉強してみたいと思っています。日本では建築物が優先で、アメリカではランドスケープの設計は後回しですが、アメリカでは「まずランドスケープありき」で開発が進められます。また、日本では「駅に近い」とか「都市部に近い」というと土地の価値が上がるけれど、アメリカでは「自然がどれだけあるか」に価値が置かれています。そういった文化の違《ちが》いも肌《はだ》で感じてみたいです。

仕事に就いても、まだまだやりたいことがいっぱいです。中高生のみなさんにも、興味のあることを貪欲《どんよく》に経験してみるといいと伝えたい。僕《ぼく》もいろいろなことを経験したからこそ、今の仕事が楽しいということがわかりました。机の上だけの知識ではなく、実際に経験してみてほしい。そういう情報や機会は探せばいくらでもあるはずですから。

# エネルギーの専門商社で減災への取り組みを提案

卒業生インタビュー 3

岩谷産業《いわたにさんぎょう》　エネルギー関東支社
法政大学《ほうせいだいがく》人間環境学部卒業

金澤《かなざわ》 成《せい》さん

取材先提供

国際環境法の研究によって、気候変動に対する地球規模での取り組みを知った。ガス燃料のシェア拡大に努める中で、自然災害に対して防災レジリエンス（逆境を克服《こくふく》する力、防災力）を高める必要性を感じている。

## ふと興味をもった学部へ

高校時代、将来何になりたいという目標が明確にあったわけではなく、大学では「政治経済や法学が学べればいい」という程度の考えでした。受験シーズンを迎《むか》えて学部を調べていくうちに、法政大学に人間環境学部があることを知りました。この学部では「自然環境に限らず、人間の生活にかかわる経営・経済・法律、あらゆる環境に間口を広げた教育を行っている」と書いてあったので興味をもち、最終的に進学することになりました。

私が在籍《ざいせき》していたころは現在のようなコース分けはありませんでした。ただ2年生からゼミに所属して、一人の教授のもとで研究するという流れは変わっていないようです。

1年生の時に受講した法律の基礎《きそ》演習がお

もしろかったので、ゼミはその教授が指導する「国際法研究会」に所属しました。国際法とは、国連憲章や国際人権規約、地球温暖化防止のためのパリ協定などのように、国家間で取り決められた国際社会のルールのことです。

## 国際環境法を学ぶ

ゼミで印象に残っているのが、フィールドスタディで訪ねたドイツとオランダでの体験です。ドイツでは、海洋関連の国際間のトラブルを解消する国際海洋法裁判所を訪問し、オランダでは、国際司法裁判所で国際紛争《ふんそう》の裁判を傍聴《ぼうちょう》しました。国際法の六法全書のような「国際条約集」も持参していましたし、あらかじめどんな裁判が行われるかを知らされていたので、英語でもなんとなく理解できました。ドイツでは第二次世界大戦時のユダヤ人強制収容所跡《あと》を見学する機会もあって、世界史を体感できた充実《じゅうじつ》の8日間でした。

卒論のテーマは「国際環境法における予防原則」。もし国をまたいで大気汚染《おせん》が発生した時、原因が隣国《りんごく》の工場の煤煙《ばいえん》だと科学的に実証できなくても、人びとの健康がむしばまれる可能性があるとしたら、何らかの規制や措置《そち》は必要です。こうした予防措置《そち》への取り組み方や環境政策が世界的な課題になっていたので、それを研究しました。

就職先に志望したのは商社でした。環境について学んできたので、エネルギー分野の専門商社を受けることにしたのです。めざしたのが現在勤務している岩谷産業でした。岩谷産業は家庭用のLPガス（プロパンガス）の販売《はんばい》や水素エネルギーの活用にいち早く取り組んでいたので、面接では水素エネルギーについて熱く語った覚えがあります。入社後、配属されたのは、水素部門ではなくプロパンガス部門でした。

## 仕事はプロパンガスの営業

岩谷産業では、日本にはないプロパンガスを産ガス国から直接輸入し、卸《おろし》・小売り・各家庭への配送まで、すべてグループ会社で行っています。私の仕事は地域のプロパンガス需要者《じゅようしゃ》のシェアを広げていく仕事、いわゆるルート営業ですが、新しい顧客《こきゃく》を開拓《かいたく》するために飛び込《こ》みの営業もします。プロパンガスの営業で何が難しいかというと、競合他社が扱《あつか》うプロパンガスと差別化ができないという点です。「他社と比べて熱量が高い」といった特徴《とくちょう》をつけることができないため、価格の勝負になってしまうのはガソリンと同じです。

プロパンガスそのものは都市ガスに比べて、災害時に強いエネルギーだといわれています。都市ガスは工場で製造したガスを、それぞれの家庭にガス管を通して供給しています。地《じ》震《しん》が発生して何カ所ものガス管が破損してしまった場合、ガスの供給は停止せざるをえず、補修に時間も要します。

その点、プロパンガスには地中の配管がなく、それぞれの家庭にガスボンベを設置すれば使える仕組みになっているため、軒先《のきさき》に置いてあるガスボンベにガスが残っている限りは、地震《じしん》で外のガス管が壊《こわ》れても、そこさえ直せばすぐに復旧できます。

## 災害時の減災のために

私の会社では１９９５年の阪神《はんしん》・淡路大震《あわじだいしん》

災害救援隊2019年の訓練のようす　取材先提供

災《さい》をきっかけに全国組織の「災害救援隊《きゅうえん》」を発足させました。地震《じしん》が発生した地域でガス販売《はんばい》事業者が被災《ひさい》すれば、その地域では何もできません。そこで近隣《きんりん》県からすぐに災害救援《きゅうえん》隊が駆《か》けつけ、復旧を支援《しえん》するのです。

今は停電対策の発電機でも、プロパンガスで動かせる発電機や炊《た》き出しセットなどが多数ラインナップされています。ガソリンや軽油と違《ちが》ってボンベ内のガスは、取り置きしておいても劣化《れっか》する恐《おそ》れがありません。私はライフラインであるガスを供給する企業《きぎょう》の一員として、被災《ひさい》からなるべく早く復旧する支《し》援《えん》や再建するシステムをどう提供するかということを、常に考えています。この先ますますエネルギー問題が議論されると思います。みなさんもぜひエネルギー資源について、思いをめぐらせてみてください。

# 環境と微生物の研究は水処理の仕事のベースに

卒業生インタビュー
4

西《にし》原《はら》環境《かんきょう》　関東支店
東京農工大学《とうきょうのうこうだいがく》農学部環境資源科学科卒業

関《せき》谷《や》亮《りょう》太《た》さん

幼少期から自然とふれあい、水辺は身近なものだった。それも水処理に関心をもつきっかけだったかもしれない。大学では授業でもフィールドワークが多かった。そのため社会に出てからも臆《おく》することなく現場に出ることができるという。

## 微生物《びせいぶつ》を環境浄化《じょうか》に応用する研究

私は東京農工大学農学部の環境資源科学科で、微生物《びせいぶつ》と環境の相互《そうご》作用などをテーマにしている環境修復分野の研究室に所属していました。はじめて「微生物《びせいぶつ》が環境を修復する」と聞いた時は、夢《ゆめ》のような話だなと思ったことを覚えています。

大学4年生の時に、川の汚染源《おせんげん》を推定する共同研究のためにアフリカのガーナに行きました。途《と》上国《じょうこく》では生活排水《はいすい》や工場排水《はいすい》、家《か》畜《ちく》の排泄物《はいせつぶつ》などが、未処理のまま川に流されているところも多く、下水処理場があってもきちんと処理されていないケースもあります。

私はガーナでサンプリングした川の水から大腸菌《きん》を採取して、それが汚染源《おせんげん》かどうかを推定する研究を進め、いっしょに行った環境汚染《おせん》解析《かいせき》分野の研究室では化学的な側面、たとえば採取された抗生《こうせい》物質の種類から、汚染《おせん》源《げん》を推定するといった研究を進めました。ちなみに大腸菌《きん》は24時間で培養《ばいよう》されるのですが、培養完了《ばいようかんりょう》後すぐに実験を始めるためには、培養《ばいよう》し始める時間をちゃんと計算しないといけないので、結構大変でした。

## 水処理事業の先進企業《きぎょう》に就職

私はもともと水処理に興味があったのですが、ガーナに行った経験は仕事選びにも大きな影響《えいきょう》を与《あた》えました。人の生活に密着している都市河川で汚染《おせん》が広がっている現状や未処理の水が流れる生活環境、政府開発援助《せいふかいはつえんじょ》（ODA）などの支援《しえん》を受けて下水処理施設《しせつ》ができても、運営・維持《いじ》管理がうまくできていないために、汚水《おすい》が処理されずに流れていく状《じょう》況《きょう》などを見て、人の生活に必要不可欠なライフラインとして、水資源の維持《いじ》管理や水環境の浄化《じょうか》が、いかに重要かを痛感したのです。

そこで私は、水処理関連の仕事に就こうと決め、最終的には世界中で上下水道施設《しせつ》の運営・管理をうけ負い、水資源管理における先進的なグローバル企業《きぎょう》のグループ会社に就職することができました。勤務している会社は、上下水道施設《しせつ》や生活排水《はいすい》処理施設《しせつ》などの運営・維持《いじ》管理だけでなく、水処理施設《しせつ》の設計、機械調達から建設まで、包括的《ほうかつてき》に実施《じっし》できる専門企業《きぎょう》です。

## 水質を守るための業務

今私がたずさわっているのは、自治体から委託《いたく》を受けて上下水道施設《しせつ》を運転・管理する仕事です。上下水道施設《しせつ》の管理というのは、つまりは水質管理です。上水は飲み水になるので、水質管理はしっかりやらないといけませんし、下水であっても環境に流れていくものなので、放流先の生き物が死ぬような汚染《おせん》があってはいけません。水処理は基本的に微生物《びせいぶつ》の作用をかなり利用しているものなので、大学で微生物《びせいぶつ》の基本的な知識を身につけていたことは仕事には有益でした。

水質管理のほかにも、ポンプや微生物《びせいぶつ》に空気を送るブロワーなどの機械類の保守点検も日々の重要な仕事です。使っている機械に不具合が起きないよう、毎日メンテナンスをしないといけません。また、中央制御《せいぎょ》室のモニターで各プラントの運転状況《じょうきょう》を管理する仕事も任されています。

私たちの仕事はライフラインの要、人の生活の基盤《きばん》にかかわる重要な仕事です。上水もきれいな水が蛇口《じゃぐち》から出るのがあたりまえで、下水にしても流しの水や洗濯《せんたく》、トイレの水がきれいに処理され、川や海に放流されるのはあたりまえだと思っているかもしれませんが、その水質を守るために日夜がんばっている人たちがいることを忘れないでほしいです。

## 直面する課題に挑《いど》む

今、上下水道関係の法改正が進んでいて、上下水道を取り巻く環境は目まぐるしく変化しています。日本では人口減少が進み、水の使用量も減っています。節水型トイレなどの普及《ふきゅう》がそれに拍車《はくしゃ》をかけています。節水は大事なことですが、水の使用量が減るということは、料金徴収《ちょうしゅう》も減るということですよね。料金を徴収《ちょうしゅう》できないと、今度は資金不足でインフラの維持《いじ》管理ができなくなってく

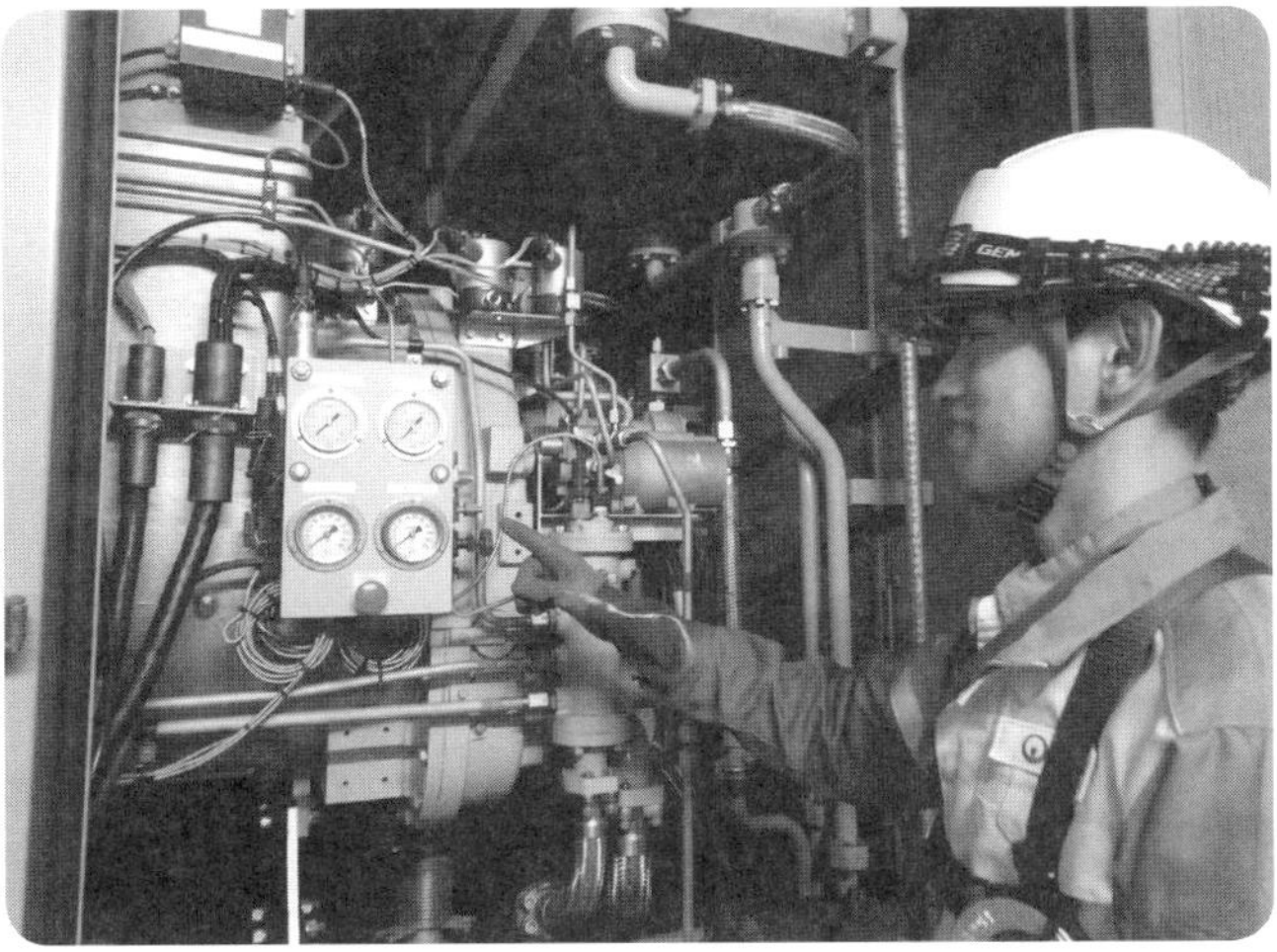

機械の保守・点検・メンテナンスも大切です　取材先提供

るわけです。「施設《しせつ》も老朽化《ろうきゅうか》してきた。でもお金がない。どうすればいい?」。そんな課題が近い将来、浮上《ふじょう》してくると思うのです。

　こうした問題を解決するために、世界中で水処理事業を手がけてきたグループ会社の技術を日本でどう活かせるか。そのなかで自分は存在感を示せるか、どうやって活躍《かつやく》できるかを考えると、ますます真剣《しんけん》に向き合っていこうという気持ちでいっぱいになります。

　環境問題は世界レベルの問題なので、最新の情報にアクセスするという意味では語学は大事です。幅広《はばひろ》く鮮度《せんど》のある情報を手に入れるには、日本に住んでいて、日本語だけの情報で満足していては世界の速さに追いつけなくなります。論文はすべて英語なので、英語力はだんぜんあったほうがいい。今から意識して学んでおくことをお勧《すす》めします。

# 5章

# 環境学部をめざすなら何をしたらいいですか？

# Q19

# 環境学部のある大学の探し方・比べ方を教えてください

## インターネットはやはり強い味方

何度か説明してきたので、学部名が「環境《かんきょう》学部」でなくても、環境にかかわる専門科目を学べる学部・学科があることや、環境問題へのアプローチの仕方しだいで学ぶ領域が異なるということはわかったよね。「農学部」や「生物資源科学部」「人間科学部」などにも、専門的に環境分野の勉強ができる学科があるから、学部名だけで選択《せんたく》することはできない。

だから、自分が環境にかかわる何を学びたいのか、理工系の技術的な分野を研究したいのか、政策で環境問題を解決していきたいのか、あるいは全然違《ちが》うアプローチをしたいのか。それがはっきりしているなら、大学選びはそれほど迷わないと思うんだ。

今はインターネットで簡単に細かい情報まで調べることができる。ある教授は「自分が興味をもっている分野について、どの大学にその分野の先生がいるか、どこの研究室でそういうことを学べるかを調べる。ホームページで研究室を調べて、その研究がしたいから、

その大学に行くという選び方がいいのではないか」と語っていた。実際にそうして大学を選んだ学生もいたよ。それもひとつの方法だね。

「環境　学べる大学　一覧」などのキーワードで検索《けんさく》すれば、環境学部だけでなく、環境系の学科のある大学一覧が見られるので、どんな大学にどんな学科があるかがわかるし、「大学　偏差値《へんさち》一覧」などのサイトでは、国公立・私立大学両方のすべての学部・学科の偏差値《へんさち》や入試難易度が調べられるよ。その時の自分の偏差値《へんさち》や学力レベルに不安があったとしても、「入りたい」と思える大学が見つかれば、がんばれるんじゃないかな。

でも、やりたい分野がしぼり込《こ》めていなくても焦《あせ》ることはないよ。環境系の分野で幅広《はばひろ》く多様なコースを設置している大学もあるのだから。そういう情報こそ、大学のウェブサイトやパンフレットで確認すればいいんだよ。専門学科のカリキュラムや制度なども含《ふく》めて、じっくり検討してみよう。

## 学費や研究に必要な実習費などもチェック

履修《りしゅう》内容を知ることは大切なことだけれど、その大学の立地や学習環境も調べておこう。では、国公立大学と私立大学ならどちらを選ぶ？　大学を選ぶ時、やはり学費の問題は大きいよね。**一般《いっぱん》に国公立大学のほうが私立大学より学費は安い。国公立大学だと文理**

に学費の差はあまりないけれど、私立大学では理系と文系では学費に差があるんだ。その差は設備施設《しせつ》費や実習費だといわれている。実験や実習が多い理系では、大学がそのための建物や設備、機材をそろえなければならないからね。

国公立大学でも学費とは別に、設備施設《しせつ》費や実習費などを徴収《ちょうしゅう》するところも増えてきていると聞くよ。多少そうした費用がかかっても最新の設備で研究ができるとしたら、どうだろう。設備や施設《しせつ》も含《ふく》めて細かいところまで確認しておくといいよ。

## オープンキャンパスに参加しよう

実際に目で見る情報は有力だ。ほとんどの大学で、学校を公開し施設《しせつ》や学生活動のようすを知ってもらうための「オープンキャンパス」を行っている。ここでは施設《しせつ》の見学ツアーや学生による学科紹介《しょうかい》、教員による模擬《もぎ》授業、相談コーナー、サークルや部活動の実演など、独自のイベントが行われている。カリキュラムや進学状況《じょうきょう》、就職実績などはもちろん、入試方式やポイント紹介《しょうかい》など、受験対策に役立つ情報を得ることができるんだ。

オープンキャンパスは5月くらいから始める大学もあるけれど、夏休みの間に行われることが多い。学部や教養課程・専門課程などによってキャンパスが別の場所にある大学では、キャンパスごとにさまざまなイベントを行っている。近くの大学の開催日《かいさいび》を確認しておけば、一日に何カ所か効率よく見学することもできるよ。気になる大学や学科があったら、積極的にオープンキャンパスに参加してみよう。

## 一日大学生体験に参加する

オープンキャンパスとは別に、「夏休み一日体験教室」や「一日大学生体験」など、大学生と同じ一日を送る体験日を設けている大学もある。「筋肉の化学成分から生物の摂《せっ》餌《じ》・行動生態を探る」とか「水の中に溶《と》けている化学物質を測ってみる」といった専門的な実験研究に参加できる大学もあるし、学食でランチをしたり、実際の講義を聴講《ちょうこう》し模《も》擬《ぎ》ゼミにも参加するなど、大学生と同じキャンパスライフが体験できる大学もある。

一日大学にいて授業やゼミに参加する経験は貴重だよね。年に数回実施《じっし》している大学もあるので、サイトで確認しておこう。また予約なしで自由にキャンパス内を散策できるフリーツアーやグループ単位での見学を受けつけている大学もある。フリーツアーでは施設《しせつ》内には入れないけれど、キャンパスの雰囲気《ふんいき》は十分感じることができるよ。

ネットで調べ、実際にキャンパスへ行ってみよう

# Q20 かかわりの深い教科はなんですか？

## 環境学に理科、数学は大事

環境学は対象にする分野が非常に広くて多様なため、かかわりの深い教科は何かと聞かれたら、「中学校や高校で習う主要教科すべてだよ」と答えたいところなんだ。もちろん保健体育や技術・家庭科だってかかわりはある。中学校では保健体育や技術・家庭科の授業で「健康に過ごすには、どのように生活環境を整えればいいか」や「地域における公害と健康の関係」などを学んだんじゃないかな。ここで取り組んだ内容は、身近な生活から環境問題を考えるきっかけとして、とても重要なものだけど、もっと広範《こうはん》にわたる環境問題を具体的に解決するための知識や技術につながるのはやはり主要5教科なんだ。

**そのなかでもかかわりが深いのは、理工系の学科なら理科の物理、化学、生物、地学などの教科だ。**高校ですでに理系コースを選択《せんたく》している人なら、これは理解できると思う。

そして、理工系でなくてもかかわりが深いのが生物や地学。大学では生物なら「微生物《びせいぶつ》

学」「生態学」「生物構造機能学」「細胞生物化学《さいぼう》」というように対象を細分化した科目を学び始めるので、高校で基礎《きそ》をしっかり身につけておくと学習進度も早いはずだよ。

「数学が苦手だから文系コースにした」という声を聞くけれど、数学は順を追って答えを出さなければならないので、論理的な思考能力が鍛《きた》えられる。また理工系学科以外でも、数学的な素養を必要とする科目が必修の場合があるんだ。たとえば「環境数理学」や「環境統計学」「バイオ計算基礎《きそ》」などが、それにあたる。やはり数学の基礎《きそ》学力も、ないよりあったほうがいい。環境学は文理融合《ゆうごう》系の学問だし、社会に出たあとのことを考えて、たとえ入試に必要なくても基礎《きそ》科目はしっかり学んでおこう。

## 公民科の教科も地理も

現代社会の経済活動のあり方や国際社会の動向、時事問題などを学ぶ現代社会、そして法律や政治制度、国内外の社会経済の実態と問題、地球環境と資源・エネルギー問題を学ぶ政治・経済などの公民科の教科も、環境学とは切りはなせない分野だ。

現代社会、政治・経済に加えて、倫理《りんり》の授業も実は大切だ。どうしてかというと、「現代の利便性を追究し続けることで、次世代にそのつけを残していいのか」とか「経済成長のために、ある種が絶滅《ぜつめつ》の危機に追い込《こ》まれてもいいのか」といった倫理的《りんりてき》課題を探究する学問領域があるからだ。こうした課題にも取り組んでいかなくては、人が自然と調和して持続可能な社会を維持《いじ》し、地球環境を守っていくことはできないからね。

それから地理歴史科では、世界の気候・地形や産業について学び、人間の生活に影響《えいきょう》を与《あた》える地域的な要因や社会的な構造を考察する地理が特にかかわりが深い。これは容易に理解できると思う。受験科目として取り組むには、私立大学で地理がある大学は少ないし、国公立大学の理系で地理を選択《せんたく》できるのは2校しかないので進学先が限られてしまうけど、環境問題に取り組むうえで地理はきわめて重要な教科だよ。

## 環境問題の解決に英語は必須《ひっす》

環境問題のなかには地球温暖化や海洋汚染《おせん》のように、各国が協力して解決しなければならないものも少なくない。企業《きぎょう》が環境に配慮《はいりょ》しているかどうかの審査《しんさ》も国際規格が採用されているし、最新の研究論文や学会発表などはほとんど英語で書かれている。自分の研究成果をまとめるにも、情報をキャッチするために最新の論文を読むにも英語力がなくては始まらないよね。フィールドワークを海外で行うケースもあるし、海外への留学を推《すい》奨《しょう》している大学もある。

最近は「英語外部検定利用入試」（外検入試）を実施《じっし》する大学も増えている。自分の英語力を活かして自己推薦《すいせん》入試に挑戦《ちょうせん》して見事合格した学生もいた。中学・高校の時から、ぜひとも英語の読解力や英会話のスキルを向上させる勉強をしておこう。

## デザイン力もあるといい

公立高校では1年生の時に芸術系の科目として音楽・美術・書道・工芸の四つのなかからひとつを選択《せんたく》することが多いと思うのだけれど、みんなは何を選んだかな?

環境学部ではデザインや図学、設計製図などの授業が必修になっていることがあるんだ。ランドスケープ・デザインや緑化、造園、まちづくり、自然復元などのプロジェクトでは空間をデザインする力が必要だ。構造物の設計・施工《せこう》では、図面を通して設計した人が意図する内容を正確に施工《せこう》者に伝えなくてはならないから、描画《びょうが》力や表現力が問われる。もっとも今は設計図を作るのにCADを使うことが多いので「CAD基礎《きそ》演習」や「CAD応用演習」などCAD操作法を修得する学科もある。進学後のことを考えると、美術も意外とかかわりの深い教科といえそうだよ。

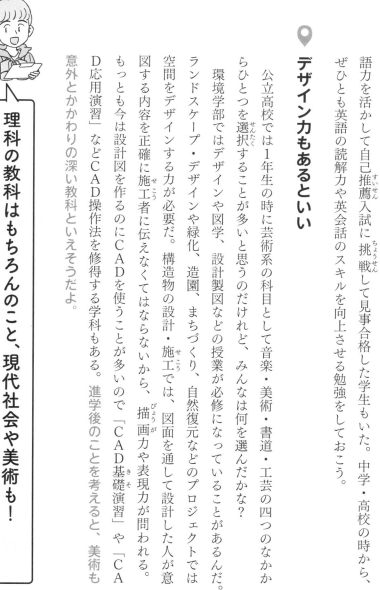

理科の教科はもちろんのこと、現代社会や美術も!

# Q21 学校の活動で生きてくるようなものはありますか？

## 年齢《ねんれい》の違《ちが》う仲間と打ち込《こ》む部活動は大事

大学生に高校時代の部活動を聞くと、たまに「帰宅部」などと冗談《じょうだん》めかしていう人がいるけれど、それが本当なら冗談《じょうだん》ではなく、ちょっともったいないことだ。部活動は同学年のクラスメートだけでするものではないよね。ここがポイントだ。年齢《ねんれい》や価値観の違《ちが》う仲間とともに活動するうちに、協調性や忍耐《にんたい》力が培《つちか》われる。後輩《こうはい》のうちはわからないことやなかなかできないこともあって、意識的にコミュニケーションを取らなくてはいけない場合もある。後輩《こうはい》だった自分がやがて先輩《せんぱい》になり、指導する立場になると自主性や責任感も生まれてくる。これは大学でのサークル活動も同じだよ。

大学ではグループワークや共同研究も多いので、みんなでひとつのことに打ち込《こ》んだ部活動の経験は十分活かされるはずだ。山岳《さんがく》部や天文気象部、科学部、地学部など、高校時代の部活動でやっていたことが、大学での学びにつながっていると話してくれた大学生も

少なからずいた。

## 委員会活動、生徒会活動で問題解決能力を養う

部活動と同じようなことが、委員会活動や生徒会活動にもいえるんだ。みんなはどんな委員会活動を経験しているのかな。生徒会活動で役員になれば、学園祭や体育祭ほか、さまざまな行事の企画《きかく》や運営にたずさわることになる。委員会活動でも生徒会活動でも、今まで向き合うこともなかった問題に出くわすこともあるだろう。さまざまな人の意見を聞きながら何をすればいいかを考え、協力しながら課題を解決していかなくてはならない。こうした取り組みを通して問題解決能力や論理的な思考力がみがかれていくんだ。

大学の一般《いっぱん》入試では部活動の実績や委員会活動、生徒会活動などの活動実績は加点対象にはならないけれど、推薦《すいせん》入試やＡＯ入試を行っている大学のなかには部活動などの実績をふまえて採点するケースもあるそうだよ。

## 学校イベントを楽しもう

大学では高校のようなクラス分けやクラス担任が存在しないケースがほとんどだ。だからクラス単位で行事に参加するとか、クラス対抗で競う形式の体育祭や文化祭などの楽し

さは、大学では味わえないと思う。「クラス」という集団で活動する仲間意識や、意見の対立などを乗り越えてまとまる充実感《じゅうじつ》などを味わえるのは、高校生活ならではだよ。

高校の文化祭なども、興味のあることや研究成果を発表する、またとない機会だと思って積極的に参加するといい。中学校のころに比べると、クラスごとの出し物の幅《はば》や行動範《はん》囲《い》が広がると思うんだ。発想力、企画《きかく》力、協調性などなど、グループワークや集団行動に必要なあらゆる力を発揮して全力で取り組んだ経験は、大きな財産になるよ。

## 読むこと、書くことをしっかりと

大学の授業でも、あらゆる科目に不可欠なのが読解力だ。読解力とは文字通り「読み解く力」のこと。読書すれば身につくというわけではないけれど、意識して読書量を増やし、その文章が何を言わんとしているかを考えながら読む習慣を身につけることが大切だ。新聞もしっかり読んでおこう。スマートフォンやパソコンでの情報収集は、どうしても読み流しになりがちだ。新聞の場合は見出しや記事の大小でその重要度がわかるうえ、事件・事故から国内外の情勢、環境問題までたくさんの情報を一度に見ることができる。記事を読みながらその内容を要約し、アウトプットする練習をするといい。

アウトプットについていえば、パソコンで文章を書くより手書きのほうが思考力がつくという研究結果が出ていることは、知っているかな。授業内容や会議の内容が記憶《きおく》にしっかり残るのは、ノートパソコンを使うより圧倒的《あっとうてき》に手書きしたほうだという。スマホやタブレット端末《たんまつ》を使うことも多いと思うけれど、発想したり思考を整理したり、資料を作成するような時は、まず手書きでアウトプットするクセをつけておくといいよ。

## インターンシップで職業人と交流

公立高校でもインターンシップを実施《じっし》する学校は多い。みんなは体験しただろうか。高校生のふだんの生活では、どうしてもふれあう大人は限られてしまう。インターンシップは、そこで働いている違《ちが》う世代の職業人とふれあい、プロの仕事を目の当たりにする絶好のチャンスだ。その仕事内容を深く知るだけでなく、企業《きぎょう》内での上下関係を含《ふく》めて社会のルールやマナーを直に学ぶ機会でもある。また自分の将来について考えるきっかけとなり、大学での学びをどう社会に活かすかという具体的なビジョンも描《えが》きやすくなるよね。インターンシップ後のレポートで、その成果をきちんとつづって残しておこう。

**高校生ならではの活動を存分に充実《じゅうじつ》させよう**

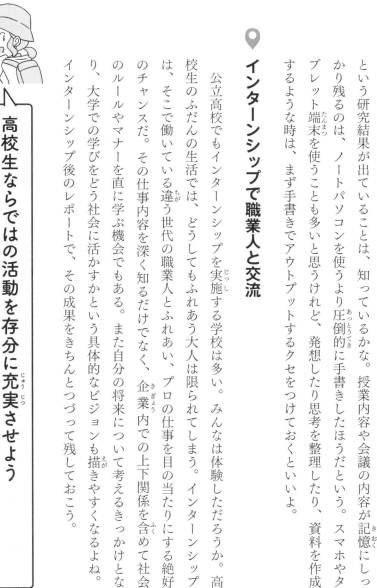

# Q22 すぐに挑める環境学部にかかわる体験はありますか？

## 大学の公開講座やワークショップに参加する

Q19で説明したように、進路の選択《せんたく》に役立ててもらうことを目的に模擬《もぎ》授業を行う大学もあるのだけど、研究や実験を通して、興味のある分野の知的好奇心《こうきしん》を満たしてくれる大学主催《しゅさい》の体験教室や公開講座も数多く開催《かいさい》されている。環境保全にたずさわるエキスパートや研究者を招いて、講演会やワークショップを実施《じっし》している大学もあるよ。実際に高校時代に参加したことがある大学生は「高校の授業では味わえない実験の醍醐味《だいごみ》や、より専門的に探究するおもしろさを感じた」と話してくれた。

大学主催《しゅさい》の講習のほかに、環境問題に関する公的研究機関である国立環境研究所《こくりつかんきょうけんきゅうじょ》をはじめ、生態系の保護協会などの非営利団体、さらには住んでいる自治体の企画《きかく》イベントのなかにも、興味深いワークショップがたくさんある。

国立環境研究所では環境研究や科学技術を理解してもらうために、毎年4月の科学技術

週間と夏休みに研究所を公開し、高校生でも参加できる環境講座や体験型のイベントを行っている。たとえば環境とSDGsのかかわりや気候変動問題を研究者といっしょに考察したり、参加者がチームを組んで研究者が投げかける問題をクリアしながら、地球温暖化研究の最前線である研究施設《しせつ》内を探索《たんさく》するツアーなど、趣向《しゅこう》を凝《こ》らした環境講座が目白押《お》しだ。こうした講座に参加することで、楽しみながら知見を深めることができるね。

## 環境系のコンテストにチャレンジする

高校生でも参加できる環境コンテストを紹介《しょうかい》しよう。大学主催《しゅさい》のものでは「全国高校生環境論文TUESカップ」や「高校生論文コンテスト　自然環境工学賞」など、論文で競うコンテストがある。全国高校生環境論文TUESカップの目的は「高校生が地域環境問題を考え、将来の環境保全と環境問題解決の担い手となるきっかけづくり」なんだそうだ。そのため論文を書く高校生みずからが実験や観察を行ったり、社会活動を行い、それらが環境問題の解決にどのようにつながるかを論説する部門がある。

論文は自由作文と違《ちが》って、考えを組み立て、文章を理論的に展開する力が求められる。日頃《ひごろ》から筋道立てて考え、それを文章化する訓練をしておくといいね。とにかく書くことに慣れることが大事だ。

ほかには、環境問題でも気象に関心がある高校生向けに「高校・高専気象観測機器コンテスト」や「日本気象学会ジュニアセッション」といった大会もある。高校・高専気象観測機器コンテストはWNI気象文化創造センターが主催《しゅさい》する高校・高専生を対象にしたコンテストで、自由で斬新《ざんしん》なアイデアから、気象を測る道具や気象状況《じょうきょう》を知ることができる道具としての気象観測機器を開発し、その独創性や技量を競うというもの。そして日本気象学会ジュニアセッションは、中高生・高専生がみずから行った気象や大気に関する調査や研究の成果を、気象学会で集まった専門家の前で発表するというものだ。文章の構築力や表現力、発信力をみがくために、こうしたコンテストへの挑戦《ちょうせん》は有意義だと思うよ。

## 資格取得に挑戦《ちょうせん》する

環境関連の資格で、高校生でも取得できるものがある。そのひとつが「ビオトープ管理士」の2級資格だ。Q17にも書いたけれど、ビオトープ管理士というのは生態系の保護・保全、復元にたずさわる技術者のことで、都市計画、農村計画など広域な地域計画をプランニングするビオトープ計画管理士と設計・施工《せこう》現場の担当技術者としてのビオトープ施《せ》工《こう》管理士の2種類ある。1級管理士資格を取得するには実務経験が必要だけど、2級管理士資格は2種類とも誰《だれ》でも資格試験に挑戦《ちょうせん》できるんだ。ほかにも、環境に関する初歩的な知識から、環境管理の専門家やアドバイザーとして活躍《かつやく》できる知識・技能レベルまで級ごとに判定される「環境管理士」という資格がある。勉強する内容は環境保護・保全、復元の分野をめざしている人にとって、とても役立つ内容だ。高校時代に資格試験に挑戦《ちょうせん》した、あるいは資格を取得したという実績は自分をアピールする材料になるはずだよ。

## 環境ボランティアを体験する

NPOやNGO、公益財団法人をはじめとする環境団体でのボランティア活動も、自然環境の実態や緊急《きんきゅう》に解決すべき環境に関する課題などを深く知る機会となるよ。国境を超《こ》えた環境問題に取り組んでいる青年主体のNGOや、農山村で地域の活性化と農作業をサポートするNPO、国内外での植林活動、環境イベントの企画《きかく》・運営など内容はさまざまだ。「環境　ボランティア」などのキーワードでネット検索《けんさく》すれば、いろいろなボランティア活動が出てくる。環境問題にかかわる世代の違《ちが》う人たちと知り合え、社会勉強ができる絶好の機会だけど、学業と両立できるよう、無理のない日程で取り組んでほしい。

**環境を学び、経験がつめる活動はたくさんある**

著者紹介

**大岳美帆**（おおたけ みほ）

フリーライター・編集者。編集プロダクション勤務を経て独立。社史やホリスティック医療系の会報をメーンに執筆するほか、著書に『ペットの冠婚葬祭まるごと便利帳』（CCC メディアハウス）、『子犬工場―いのちが商品にされる場所』（WAVE 出版）、『大学学部調べ 経営学部・商学部』（ぺりかん社）などがある。

**なるにはBOOKS 大学《だいがく》学部《がくぶ》調《しら》べ**

# 環境学部《かんきょうがくぶ》 中高生《ちゅうこうせい》のための学部《がくぶ》選《えら》びガイド

2020年4月25日　初版第1刷発行
2022年4月10日　初版第2刷発行

著者　大岳美帆
発行者　廣嶋武人
発行所　株式会社ぺりかん社
〒113-0033　東京都文京区本郷1-28-36
TEL：03-3814-8515（営業）/03-3814-8732（編集）
http://www.perikansha.co.jp/

装幀・本文デザイン　ごぼうデザイン事務所
装画・本文イラスト　保田正和
写真　編集部
印刷・製本所　株式会社太平印刷社


ISBN978-4-8315-1562-9
Printed in Japan

仕事の実際から
なり方まで解説

# なるにはBOOKS

B6判／並製カバー装
平均160頁

## 73 自然保護レンジャーになるには
須藤ナオミ・藤原祥弘著／キャンプよろず相談所編
❶人と自然の共生をめざして
❷自然保護と環境省レンジャーの世界［歴史、生活と収入、なるには］
❸民間レンジャーの世界［日本自然保護協会、日本野鳥の会、東京都レンジャー、パークレンジャー、なるには］
★★★

## 27 学術研究者になるには（人文・社会科学系）（改訂版）
小川秀樹（岡山大学教授）著
❶第一線で活躍する研究者たち
❷学術研究者の世界［学術研究者とは、人文・社会科学系の学問とは、研究所の実際、研究者の生活他］
❸なるにはコース［適性と心構え、就職の実際他］／他
☆

## 138 社会起業家になるには
籏智優子（フリーライター）著
❶社会問題の解決に向けて
❷社会起業家の世界［社会起業家とは？、世界の社会起業家たち、活躍する分野、生活と収入、将来性］
❸なるにはコース［適性と心構え／養成施設／起業するには］
☆

## 143 理系学術研究者になるには
佐藤成美（サイエンスライター）著
❶研究する日々の喜び！
❷理系学術研究者の世界［学術研究者と論文、理系の学問と研究分野、研究施設のいろいろ、生活と収入他］
❸なるにはコース［適性と心構え、理系学術研究者への道他］
☆

## 補巻13 ＮＰＯ法人で働く
小堂敏郎（経営ジャーナリスト）著
❶ＮＰＯ法人とは／私はこうしてＮＰＯ法人に就職した［食事でアフリカ支援、学校で社会を学ぶ、湖を再生する取り組み
❷ＮＰＯ法人の世界［ＮＰＯ法人の仕組み、ＮＰＯ法人の収入と職員の給与］
❸ＮＰＯ法人で働くために
☆

## 151 バイオ技術者・研究者になるには
堀川晃菜（サイエンスライター）著
❶生物の力を引き出すバイオ技術者たち
❷バイオ技術者・研究者の世界［バイオ研究の歴史、バイオテクノロジーの今昔、研究開発の仕事、生活と収入他］
❸なるにはコース［適性と心構え、学部・大学院での生活、就職の実際他］
☆☆☆

## 補巻16 アウトドアで働く
須藤ナオミ（アウトドアライター）著／キャンプよろず相談所編
❶アウトドアの仕事とは
❷用具にかかわる仕事［販売員、メーカー社員］／フィールドにかかわる仕事［登山ガイド他］／メディアにかかわる仕事／安全と命にかかわる仕事他
☆

## 144 気象予報士・予報官になるには
金子大輔（桐光学園教員・気象予報士）著
❶気象予報の現場から
❷気象予報士・予報官の世界［天気予報とは、気象予報の歴史、気象予報の仕事、生活と収入、将来］
❸なるにはコース［適性と心構え、気象予報士試験、就職の実際他］
☆

## 大学学部調べ 理学部・理工学部
佐藤成美（サイエンスライター）著
❶理学部・理工学部はどういう学部ですか？
❷どんなことを学びますか？
❸キャンパスライフを教えてください
❹資格取得や卒業後の就職先は？
❺めざすなら何をしたらいいですか？
☆☆☆

## 大学学部調べ 看護学部・保健医療学部
松井大助（教育ライター）著
❶看護学部・保健医療学部はどういう学部ですか？
❷どんなことを学びますか？
❸キャンパスライフを教えてください
❹資格取得や卒業後の就職先は？
❺めざすなら何をしたらいいですか？
☆☆☆

☆☆☆…1600円 ★★★…1500円 ☆☆…1300円 ★★…1270円 ☆…1200円 ★…1170円（税別価格）

大学学部調べ **医学部**

**浅野恵子（フリーライター）著**

❶医学部はどういう学部ですか？
❷どんなことを学びますか?
❸キャンパスライフを教えてください
❹資格取得や卒業後の就職先は？
❺めざすなら何をしたらいいですか？

☆☆☆

大学学部調べ **経営学部・商学部**

**大岳美帆（ライター・編集者）著**

❶経営学部・商学部はどういう学部ですか？
❷どんなことを学びますか?
❸キャンパスライフを教えてください
❹資格取得や卒業後の就職先は？
❺めざすなら何をしたらいいですか？

☆☆☆

大学学部調べ **獣医学部**

**斎藤 智（ライター・編集者）著**

❶獣医学部はどういう学部ですか？
❷どんなことを学びますか?
❸キャンパスライフを教えてください
❹資格取得や卒業後の就職先は？
❺めざすなら何をしたらいいですか？

☆☆☆

大学学部調べ **栄養学部**

**佐藤成美（サイエンスライター）著**

❶栄養部はどういう学部ですか？
❷どんなことを学びますか?
❸キャンパスライフを教えてください
❹資格取得や卒業後の就職先は？
❺めざすなら何をしたらいいですか？

☆☆☆

大学学部調べ **外国語学部**

**元木裕（フリーライター）著**

❶外国語学部はどういう学部ですか？
❷どんなことを学びますか?
❸キャンパスライフを教えてください
❹資格取得や卒業後の就職先は？
❺めざすなら何をしたらいいですか？

☆☆☆

大学学部調べ **社会学部・観光学部**

**中村正人（ジャーナリスト）著**

❶社会学部・観光学部はどういう学部ですか？
❷どんなことを学びますか?
❸キャンパスライフを教えてください
❹資格取得や卒業後の就職先は？
❺めざすなら何をしたらいいですか？

☆☆☆

大学学部調べ **文学部**

**戸田恭子（フリーライター）著**

❶文学部はどういう学部ですか？
❷どんなことを学びますか?
❸キャンパスライフを教えてください
❹資格取得や卒業後の就職先は？
❺めざすなら何をしたらいいですか？

☆☆☆

大学学部調べ **工学部**

**漆原次郎（科学技術ジャーナリスト）著**

❶工学部はどういう学部ですか？
❷どんなことを学びますか?
❸キャンパスライフを教えてください
❹資格取得や卒業後の就職先は？
❺めざすなら何をしたらいいですか？

☆☆☆

大学学部調べ **法学部**

**山下久猛（フリーライター）著**

❶法学部はどういう学部ですか？
❷どんなことを学びますか?
❸キャンパスライフを教えてください
❹資格取得や卒業後の就職先は？
❺めざすなら何をしたらいいですか？

☆☆☆

大学学部調べ **教育学部**

**三井綾子（フリーライター）著**

❶教育学部はどういう学部ですか？
❷どんなことを学びますか?
❸キャンパスライフを教えてください
❹資格取得や卒業後の就職先は？
❺めざすなら何をしたらいいですか？

☆☆☆

＊「大学学部調べ」のみ四六判